中国传统建筑构件解析

刘 强 著

瓦当遗珍

南闓大學出版社
天津

图书在版编目（CIP）数据

瓦当遗珍：中国传统建筑构件解析/刘强著.--
天津：南开大学出版社，2023.10
ISBN 978-7-310-06459-5

Ⅰ.①瓦… Ⅱ.①刘… Ⅲ.①瓦当(考古)—研究—中
国 Ⅳ.①K876.34

中国国家版本馆CIP数据核字(2023)第163544号

瓦当遗珍：中国传统建筑构件解析
WADANG YIZHEN : ZHONGGUO CHUANTONG JIANZHU GOUJIAN JIEXI

南开大学出版社出版发行
出版人：陈　敬
地址：天津市南开区卫津路94号　邮政编码：300071
营销部电话：(022)23508339　23500755
营销部传真：(022)23508542　邮购部传真：(022)23502200

天津创先河普业印刷有限公司印刷
全国各地新华书店经销
2023年10月第1版　2023年10月第1次印刷
240×170毫米　16开本　11.75印张　2插页　137千字
定价：68.00元

如遇图书印装质量问题,请与本社营销部联系调换,电话：(022)23507125

序

"当,底也,瓦覆檐际者,正当众瓦之底,又节比于檐端,瓦瓦相盾,故有当名。"瓦当俗称瓦头,是覆盖建筑檐头筒瓦前端的遮挡,是中国传统建筑的重要构件,起着保护建筑檐头和美化屋面轮廓的作用。在数千年的岁月中,古人曾以金取土,以水和泥,于烈火中烧结成瓦,将瓦叠于椽木之上,以瓦头当底,瓦当由此而来。当,亦"挡",除了可以挡雨护檐外,古人还认为瓦当可以"挡煞""祈福""耀威"。于是乎,瓦当的外延功能慢慢超越了它的初始功能,成为了人们精神寄托的载体和阶级分化的象征,并鲜明地反映了中国历代的政治意识形态、社会风尚、宗教信仰、美学思想等。瓦当自西周中晚期至今三千余年间,经历了诞生、成长、兴盛与衰败的过程,它的发展史同样也是中国传统建筑的发展史,记录了中国传统建筑的发展历程与兴衰,同时也反映了历代社会意识形态的变化与世人普适性审美的演进过程。

打开中国传统建筑的历史长卷,瓦当的雏形,最早可见于西周。武王建周后,重礼制、兴土木,以建筑等级区划社会的分层,建筑逐步由夏商的"茅茨土阶"演进到西周的"屋瓦土阶",瓦开始应用到宫殿建筑中去。至春秋战国,群雄纷争,虽战乱不断但经济文化繁荣,瓦当的应用随各诸侯国台榭建筑的大规模营建开始普及化,疆土的割裂与文化的百家争鸣使得瓦当也尽显地域特色，瓦当纹饰既有写实的动物纹，又有抽象的卷云纹，还有表现农耕生活的树木田地纹，呈现出百花齐放的景象。公元前221年秦始皇一统天下，为耀王威，沿"每破诸侯，写放其宫室，作之咸阳北阪上"之风，大兴土木建筑，并推行"书同文，车同轨"，瓦当形制与纹饰题材也趋于统一。西汉立国初，汉高祖刘邦听从丞相萧何"非壮丽无以重威"的建议及在"天人合一"思想的诱使下，再次大建宫殿苑囿，高台建筑盛行，除了古拙质朴的云纹瓦当，更有文字瓦当大行其道，人们寄托位于建筑最高处瓦当上的文字与神仙对话，为民众祈福。魏晋南北朝战乱不断，佛教建筑几度兴衰，体现佛教圣洁的莲花纹饰及彰显佛教威严、面部狰狞的兽面纹饰瓦当始终占据了主角地位。隋唐建筑体系趋于成熟，加之经济文化的高度繁荣，建筑形制及体量大气磅礴，瓦当纹饰多趋饱满、华丽，展现了气吞天下的霸气。宋代建筑一改唐代豪迈之风，先有宋太祖杯酒释兵权，倡文抑武，后有宋徽宗痴迷于艺术，建筑风格自然柔和细腻，瓦当纹饰虽个别地区亦有磅礴威猛之势，但整体上却多显现秀丽和人文气息。忽必烈挥鞭灭宋一统天下，军事强盛，但整体生产力和经济文化却拜下风，建筑细节多粗放不羁，瓦当纹饰也趋于粗陋，无论是建筑还是瓦当构件在其发展史上均属于过渡性阶段。明清建筑是中国古建筑的最后一个高峰时期，建筑体系和建筑技艺的成熟使得建筑质量和营造工艺不断提高，工匠醉心于小木作的精雕细琢，专注于砖雕和石雕的巧夺天工，建筑色彩也渐丰富鲜明，使得瓦当形制和纹样在清后期虽有多元化趋势，但总体创新度不大，在艺术装饰层面和大众认同方面渐渐退居幕后，又恢复了瓦当遮雨挡风的初始功能。

"一瓦观天下。"瓦当不但有很高的艺术价值，还有极高的学术价值，对瓦当的形制、纹饰、材料及工艺水准的研究有助于了解中国整个建筑体系的发展及演变过程，有助于了解历朝历代的社会意识形态、文化渊源、社会习俗、民众审美，有助于中国建筑文化脉络的传承研究，同时瓦当也是建筑遗址年代判断的重要实物，对研究中国古代各个时期的政治、经济、文化等都有很高的参考价值。

本书以建筑学视角为切入点，从建筑层面以多学科视野解析了历代瓦当的发展背景、发展脉络、形制规格、纹饰分类及内涵寓意，厘清了中国历代瓦当发展的演变规律及与建筑体系发展的耦合关系，横向完善了瓦当研究的整体性和系统性，纵向揭示了瓦当纹饰的传承背景、传承变迁及变迁过程中建筑体系对其发展的影响，弥补了建筑史领域研究的缝隙之处，是对中国传统建筑构件研究的一次必要补充。希望本书可以给建筑领域、美术领域、历史领域、收藏领域及爱好传统建筑人士在做相关研究时提供些许参考。由于编者水平有限，难免有不足和缺憾之处，恳请业内专家和读者不吝赐教，批评指正！

刘强

于济南大学

2023 年 4 月

目录

第一章

中国古代瓦当概说

第一章　中国古代瓦当概说

一、瓦当的产生

　　人猿揖别之始，先民们就为生存不断寻找、构筑栖身之所，开始探索人类早期居住的生活方式。经过漫长的发展，人类栖身之处逐渐从巢居、穴居向地面建筑过渡，以夯土为基、树木为架，围合成"屋"；同时，为了能防止雨水的侵袭、达到取暖保温的作用和提高住所的抗风等级，先民们开始尝试在屋顶用茅草和泥巴进行封闭和覆盖，形成了最早的建筑形态。随着生产力的不断发展，先民们建造房屋的技术不断成熟，使构造较大的建筑物成为了可能。至夏代，中国历史上的大型建筑——宫殿出现了，但构筑方式仍处于"茅茨土阶"阶段，不见一砖一瓦，统治阶级也只能住在夯土高筑、茅草覆盖的宫室中。随着手工业技术的持续进步，在距今约三千年的西周，中国传统建筑中的一种重要的建筑构件——瓦当出现并应用到宫殿建筑中，极大提高了建筑质量和促进了建筑的发展，从而揭开了中国建筑史上的新篇章。

春秋战国,中国迎来了社会大变革时期,群雄纷起,百家争鸣,政治经济文化都有了很大发展。随着社会经济的逐步繁荣、制造业的进一步兴盛,各诸侯国大兴土木建筑,瓦当也广泛地应用于宫室殿宇,在之后的两千余年里,瓦当便成为了中国传统建筑中不可或缺的重要构件。

二、瓦当为何物

瓦当俗称瓦头(图1-1),覆盖于建筑屋檐筒瓦的最前端,是中国传统建筑中的重要构件。瓦当的初始功能是保护屋檐下的椽子末端免于长久暴露在外受到雨水的侵蚀和阳光的直射,延长木构建筑寿命,后在一定时期内又成为权贵阶级的象征和世人精神需求的寄托。瓦当从西周出现至今已有约三千年历史,历经数十个朝代,形成了各具时代特征的瓦当,不同历史时期的瓦当,饱含着不同的时代文化和艺术魅力。

图1-1 建筑构件——瓦当(图片来源于网络)

三、瓦当的价值

至今,瓦当的使用和延续时间长达约三千年,当面纹饰历朝均不相同,其千姿百态的图案与丰富的文字信息是当今研究古代政治、经济、文化、建筑、绘画、雕塑、书法,以及探索我国古代美学思想的重要信息载体,也是实用性功能和审美性功能相结合并随时代的需求自我演进发展的典范,有着珍贵的学术价值和极高的艺术价值。它产生在中国古代人民不断探索居住方式和社会文明不断发展的过程中,以其独特的艺术形式和装饰手法,反映了各个朝代的政治统治需求、社会意识形态、世人普适性审美等。同时,作为不可或缺的建筑构件,瓦当反映了我国传统建筑独有的形制风貌,也反映了中国历代建筑营造和建筑风格特征的演变,在中国传统建筑实用层面起着保护木结构的作用,在装饰层面起着画龙点睛的作用,是中国古代建筑艺术宝库中绚丽的珍宝。

(一)瓦当的学术价值

瓦当的学术价值在于通过其纹饰、形制、材质可以解析中国传统建筑营造体系的发展脉络与演变过程,了解历代的社会政治经济与文化意识形态,对于中国古代的建筑体系、历史文化、社会风尚、美学思想、地域地理、宗教信仰、风俗习惯等方面有着举足轻重的学术研究价值。

其纹饰图案的研究有助于了解历代的社会风尚、美学思想、宗教信仰、风俗习惯等。如战国时期秦国动物纹瓦当,具有强烈的生活气息和草原艺术风格,反映出游牧狩猎生活在秦国社会经济活动中曾经占有重要组成部分;汉代盛行的"长生无极""长乐未央"等文字类型的瓦当,更是充分反映了汉代所崇尚长生不老、羽化登仙，追求富贵、吉祥、盛世太平的社会风尚；后来随着佛教思想的传入，佛教建筑以惊人的速度发展开来，南北朝至隋唐时期莲花纹瓦当经久不衰，这便是佛教建筑和佛教文化在中国发扬传播最有力的证据之一；唐代形态浑厚立体的兽面和唐早中期凸起圆润的莲花瓦当既反映了唐代"以丰腴为美"的大众审美，又契合了大气磅礴恢宏的唐代建筑风貌。

对当面形制与纹饰布局的研究有助于了解当朝的政治意识形态与审美价值观。如战国时期瓦当的形制多半圆形（如燕国、齐国等），亦有圆形为主的诸侯国（如秦国、赵国等），各国规制不一，公元前221年秦统天下后瓦当形制迅速由半圆向圆形转换，尤其在更为强大的西汉王朝建立并提出"罢黜百家独尊儒术"的思想后，半圆瓦当形制近绝，这在一定程度上反映了秦汉的"大一统"影响；同时，汉代瓦当的当面中心统一出现了战国少有的凸起圆心，即所说的瓦当"乳钉"，形成了鲜明的视觉中心，这也是中央集权强化的侧面体现；秦汉瓦当纹饰布局多用双线十字界分，划分当面为四个均等扇形，这与战国瓦当散漫的当面布局有明显差异，映射出前所未有的强烈的规则感和秩序感，这与秦代奉行的"书同文，车同轨"和汉代尊崇的"罢黜百家独尊儒术"所强调的秩序和统一不无关系，也与西汉政府严格遵循"周礼"中的筑城准则相呼应。

对其材质的研究有助于了解我国瓦作技术的发展脉络及建筑遗址断代。如我国琉璃瓦当最早出土于南北朝佛寺遗址，但数量不多，说明在此期间瓦作技术有了新的突破但尚未成熟。至唐朝，琉璃瓦当开始逐步推广应用于宫殿建筑，但从出土琉璃瓦及瓦当的数量分析，唐代琉璃瓦及瓦当并未铺满宫殿屋顶，且多数为绿色，黄色极少见，证明唐代瓦作技术有了进一步提高但其琉璃瓦烧制技术仍然不够成熟。直到元明清,大面积的黄色琉璃瓦当及其他色泽的琉璃瓦当开始不断出现并且工艺质量上乘,证明我国直到明清时期琉璃瓦的烧制技术才完全成熟。同时,材质研究同纹饰研究一样,都可以对建筑遗址断代,如某单一建筑遗址出土黄色琉璃瓦,则可断定这座建筑为唐代及以后。

对其综合研究可以较为清晰地了解我国建筑营造体系的发展脉络。如西周中晚期瓦当的出现标志着中国历史上的房屋构筑方式刚刚摆脱"茅茨土阶"阶段,战国时期瓦当的大量出现则印证了各诸侯国大规模营建都城和建筑的史实。再者,西汉时期瓦当整体厚重,直径尺寸也超越了中国历代瓦当的直径尺寸,这与西汉倡导的"非壮丽无以重威"的思想、与此时期追求宏大的高台建筑营造有密切关系。西汉与东汉间的王莽时期的"朱雀、玄武、青龙、白虎""四神"瓦当的出土位置反映了建筑风水学理念在西汉末年建筑择址中已经开始应用。诸如此等,瓦当虽是一种建筑附件,但它的产生、发展、繁荣、变革和衰落直接反映了中国建筑营造体系的发展和演变过程。

(二)瓦当的艺术价值

有一种美,只有中国人才懂得,那就是瓦当的魅力。瓦当的艺术魅力是有目共睹的,瓦当是中国早期历史时期从实用性功能到艺术性功能的产物。瓦当作为艺术在传统建筑上的一种特有的表现形式,加之自身陶质泥胎的特征,纹饰图案内容与形式构成协调统一、朴实生动、拙中寓巧的艺术效果,在中国古代建筑演变中扮演了非常重要的角色,具有极高的艺术魅力和审美价值。中国古代的艺术符号主要来自于古代艺术品上的纹样纹饰、图案造型等,这些传承了几千年的纹样已经成为一种特殊的符号代表,代表着中国古老的艺术形式。瓦当即是一种特殊符号,是集绘画艺术、雕刻艺术、书法艺术、造型艺术、工艺美术于一身的艺术产物,是中国工艺美术史上的重要组成部分,同时也是中国传统建筑装饰艺术史上的重要组成部分。

我们从现在遗存的瓦当可以看出瓦当纹饰图案和造型丰富多彩的变化。如战国的素面瓦当和饕餮纹瓦当、秦汉的文字及云纹瓦当、六朝的人面瓦当、隋唐的莲花瓦当、宋辽金的兽面瓦当、元明清的龙纹和花卉瓦当。图案瓦当的丰富变化、图像瓦当的写实逼真、文字瓦当的自由流畅,无不让我们拍案叫绝,蔚为大观。瓦当自西周时期诞生,在浩浩荡荡的历史中不断发展、革新、延续至今,具有非常丰富的文化内涵和艺术魅力,其纹饰、图案的发展变化集中反映了中国古代到近代以来的文化艺术和审美风尚的发展和变革。

四、瓦当的分类

瓦当被称为屋檐上的艺术,瓦当艺术历史悠久,底蕴深厚。从西周产生至今约三千年的时间,广泛应用在各类宫廷楼宇、园林建筑及普通民居等建筑上,瓦当的类型较多,分类方式多种多样,以下主要按照形制、纹饰、材质三个方面进行分类。

（一）以形制分类

瓦当的形制分类主要有半圆形、大半圆形和圆形三种形式。

1.半圆形瓦当

半圆形瓦当是出现最早的瓦当形制,始现于西周,兴盛于战国,衰隐于秦末汉初。中国早期的瓦当形制多以半圆形为主,如西周的半圆素面瓦当、战国时期燕国的饕餮纹半圆瓦当、齐国的树木双兽纹半圆瓦当、秦代的云纹半圆瓦当等。图1-2即为秦代或西汉初的半圆瓦当,纹饰为羊角形云纹,直径17厘米。

图1-2　秦　半圆瓦当(图片来源:山东省中国古代建筑研究基地)

　2．大半圆瓦当

大半圆瓦当多用于秦代皇室大型宫殿或礼制建筑的檩头或是梁的两端,在秦阿房宫遗址、秦皇陵遗址和秦皇岛一带的秦始皇行宫均有出土。1977年出土于秦始皇陵北面建筑遗址中的大半圆形瓦当(图1-3),高48厘米,径61厘米,背有筒残长32厘米。是迄今为止考古工作者发现的最大的瓦当,被称为"瓦当王"。从如此巨大的尺寸我们或许可以推断,这个巨大瓦当的装饰性和透露出统治阶级的威严地位远远大于它的功能性,也可以推断出这个时期的瓦当相比西周时

图1-3　秦　大半圆瓦当(图片来源于网络)

期的瓦当,其延伸的阶级区划功能已经超越了它的初始遮雨功能,装饰性也慢慢趋于强化。

3.圆形瓦当

圆形瓦当是我们最常见最熟悉的瓦当形制(图1-4),战国时期出现,秦汉时期发展为瓦当的主流形制沿用至今,而半圆瓦当则逐渐被淘汰。半圆瓦当到圆瓦当形制的转变,一是从实用层面更加有利于雨水的汇集和排水;二是从审美层面可承载更多的纹饰内容,也有利于扩大瓦当的视觉截面;三是由于圆中心的存在从意识形态方面侧面强化了中央集权。在汉代盛行的

图1-4 秦 圆瓦当(图片来源:山东省中国古代建筑研究基地)

文字瓦当、隋唐的莲花纹瓦当、宋元的兽面纹瓦当、明清的龙纹瓦当等都属于圆形瓦当类型。

(二)以纹饰分类

瓦当纹饰题材多元且富有变化,由于每个朝代的政治、经济、文化、宗教信仰,及建筑风貌的差异化导致了历代瓦当纹饰不尽相同,而这种差异化恰恰为我们研究历朝历代的社会政治、经济发展、主流文化及建筑体系提供了重要依据。虽然瓦当纹饰内容千差万别,但按照纹饰类型可以分为素面瓦当、图案纹瓦当和文字瓦当三种类型。

1. 素面瓦当

素面瓦当是三大纹饰类型瓦当中出现时间最早的瓦当纹饰类型。素面瓦当起初多为半圆形制素面瓦当,当面无任何图案装饰,如战国时期的齐国素面瓦当(图1-5),后来随着瓦当的应用推广,也出现了素面圆形瓦当。素面瓦当是早期瓦当应用数量最多的类型,西周初现,盛行于春秋,后逐步消隐于秦汉,但在秦汉时并非完全弃用,在部分最高规格的皇家宫室陵园建筑之中仍见应用,如秦都咸阳宫殿建筑遗址和长陵陵园遗址的瓦砾中随处可以见到素面瓦当的残块,这说明咸阳宫殿和长陵陵园建筑中仍然大量地使用着素面瓦当。素面瓦当和各式云

图1-5　战国　齐　素面半瓦当(图片来源:山东省中国古代建筑研究基地)

纹瓦当同时并存于皇家最高规格的陵园建筑之中,说明在人们对瓦当形式美的追求和创造出各种纹饰的瓦当发展过程中,素面瓦当并没有完全落伍而遭到淘汰[1],它也或许在特定时期特定属性的建筑面前扮演着特定的角色,释放出特定的信息,如"肃穆、空灵"等。

起初我们的祖先在发明瓦当这种以实用为主的建筑构件时,同时已经考虑到了它的装饰作用。从美观的角度来说,素面瓦当本身就是一种纹样,代表一种质朴的美,任何事物本身的自然美都是永恒的,是任何装饰美都无法媲美的。大家在赞誉瓦当是我国古代建筑体系的一条灿烂夺目的珍珠项链之时,绝不要忘记素面瓦当就是这条项链上一颗璀璨的明珠。无论在实

用性上还是形式美上，我们都不应低估素面瓦当的历史地位。

2.图案纹瓦当

图案纹瓦当是三大纹饰类型中数量最多的一类，如图1-6，即为卷云纹图案瓦当，直径为14.5厘米，当面中部乳钉突出，外饰四朵卷云纹。图案纹瓦当出现时间晚于素面瓦当，是在素面瓦当的基础上发展出来的瓦当纹饰类型。图案纹所描绘的图案是通过某些具体事物或者事物表象进行解构、重组、提炼，最终概括成型，用曲线或直线等不同线条排列组合后描绘出来的一种图案。在秦汉时期流行的各种云纹瓦当、夔纹瓦当均属典型的图案纹瓦当，其图案纹饰构成千变万化，富有美感。

图1-6　汉代　图案纹瓦当（图片来源：山东省中国古代建筑研究基地）

图像纹瓦当隶属于图案纹瓦当，是其一种表现形式，图像纹瓦当顾名思义就是表现一些具体的形象的瓦当，一些动物形象（如：鹿纹、虎纹、饕餮纹、虎雁纹、单獾纹、双獾纹）、植物形象（如：树叶纹、莲花纹、四叶纹、花苞纹），既有单个形象也有成组形象，还有在社会生活中被记录下来的具有纪念意义的某个瞬间或片段（如：狩猎纹、房屋建筑纹）等等，再或者将某些动物形象进行艺术加工，整合重组，形成一种全新的动物形象。图像瓦当最早被发现于战国时期秦国遗址中，最早是单体的动物形象，后来发展出组合动物形象，组合形象既指两种以上的动物同框，又指多种动物组合成一种动物，如陕西西安汉代遗址出土的朱雀纹瓦当和玄武纹瓦当。朱雀纹瓦当整体呈圆形,鸟形为凤头、鹰喙、鸾颈、鱼尾,名为"朱雀",为未央宫南阙之瓦当;玄武纹瓦当饰龟和蛇缠绕于一体的纹饰,是未央宫北阙之瓦当。到了西汉中晚期,图像纹瓦当逐渐没落,被盛行的文字瓦当所取代。在后来的南北朝时期和隋唐时期,又出现了兽面纹瓦当和莲花纹瓦当,元明清时期图像纹瓦当仍有所发展,如龙纹瓦当被广泛使用于宫室殿宇、皇家帝陵和高级别寺庙建筑上。

2.文字瓦当

文字瓦当的出现在瓦当历史上具有划时代的意义,它把建筑和文字完美结合,突出了建筑的人文色彩,是瓦当艺术发展高潮的标志。文字瓦当相比前两种瓦当类型是出现最晚的,盛行于两汉时期,是汉代主要的瓦当纹饰类型。文字瓦当的出现开启了一个全新的艺术领域和研究范围,并受到瓦当收藏者的热捧。如图1-7为汉代"长乐未央"文字瓦当,直径为21.5厘米,从尺寸上推测该瓦当应为宫殿瓦当,当面中心乳钉突起,双栏

图1-7 汉代"长乐未央"文字瓦当(图片来源:山东省中国古代建筑研究基地)

四格界,篆书四字文排列填满界格,婀娜多姿,舒展自如。

至于文字瓦当最早产生于何时,目前学术界有一定争议,但据目前考古的结果及主流学说来看,文字瓦当应出现在汉景帝时期,推广于汉武帝时期,全盛发展于西汉中晚期。东汉以后,文字瓦当逐渐退居幕后。遗址考古

中，汉代初期的关中故都遗址以及汉高祖的长陵、汉惠帝的安陵、汉文帝的霸陵都没有发现文字瓦当的存在，目前最早发现的是在汉景帝的阳陵陵园中出土了"千秋万岁""与天无极"的文字瓦当，以此为确凿物证被主流学者认定为文字瓦当出现于此时期。到了汉武帝时期的各遗址中，文字瓦当已经屡见不鲜，到了汉昭帝、汉宣帝时期，从出土的瓦当看文字瓦当已经十分普及。从遗存的文字瓦当实物来看，当面文字在字数上没有限制，字数从一到十二字不等。其中以四字瓦当最为常见，如"长乐未央""长生无极""与天无极""长乐无极""汉并天下""富贵万岁"，除这几大类外，也有一些特殊的，如瓦上刻有"盗瓦者死"的一类文字瓦当，生产数量不多，不会成片用在屋顶上，仅是制作工匠的一种即兴创作罢了。在两汉以后，魏晋南北朝时期，文字瓦当逐渐没落，到了隋唐以后，更是很少有相关瓦当出土。直到晚清民国，封建秩序开始崩溃，各种思想文化碰撞激烈，各种礼制约束不再，建筑形制及装修不再怕受"逾制"，瓦当纹饰也趋于多元化，文字瓦当也再次出现，如"寿""福""元"等吉祥文字，及姓氏文字瓦当，如"李"字，这些都表达了一种美好祝福或是建筑的归属。

（三）以材质分类

由于历史时代、建筑用途、制作工艺及水准、政治阶级背景等因素的不同，瓦当的材质也有所不同。除了我们常见的灰陶质地的瓦当类型外，还有在魏晋南北朝时期出现的琉璃瓦当和宋元时期出现的金属瓦当。其中灰陶瓦当材质是使用最广泛、最久远，也是最为经济的瓦当类型，从西周中晚期出现一直到明清时期都是最重要的材质类型。琉璃瓦是在泥质瓦当成型后再施以一层釉料烧制而成，根据釉料的颜色不同，可以烧制青、蓝、绿、红、褐等颜色瓦当,制作工艺复杂,生产成本昂贵。琉璃瓦当在青州南北朝佛寺遗址中出现,但并没有大范围使用,唐代制陶技术高度发达,加之经济文化繁荣,琉璃瓦当开始逐步应用于皇室殿堂、宫苑屋顶之上。金属瓦当相对陶泥瓦当和琉璃瓦当出现时间最晚,材质主要有铁铸、黄铜和抹金三种形式,比较贵重,仅在宋元明清时期的个别高级别的建筑物上使用,较为罕见。

五、重点地域的特色瓦当

瓦当自西周初创以来延绵至明清时期,历经三千年的风雨沧桑,其历史遗迹几乎分布在神州大地的各个角落,除了春秋战国时期的中原地区以外,还在秦汉时期以秦汉的都城为中心通过各种方式(如秦始皇南征百越、汉武帝北击匈奴、张骞出使西域等方式)辐射到云南、广西、青海、内蒙古、新疆等地,甚至影响到了朝鲜半岛和日本岛等地。

陕西、山西、山东、河南、河北、江苏等地几千年以来都属于经济富庶地域或设有重要的军事、政治、文化、交通中心,在历史发展过程中都有着不可替代的地位。如陕西在先秦时期就是发展富庶的地区,境内的长安是汉唐等十余个朝代的都城,经历千年的建城史和数百年的建都史,其累计的建筑数量难以估量;河南是华夏文明的发祥地之一,地处平原,一望无际,沃野千里,也是历朝历代重要的经济和粮食重地,境内的洛阳以优越的地域环境,先后吸引十余个王朝建都于此,城市规模体量宏大,存留大量各朝各代建筑遗址;江苏从古至今繁荣发达,物华天宝,人杰地灵,被誉为"人间天堂",省会南京从三国东吴到清末太平天国大小十余个政权建都,被誉为十朝都会,六朝古都,山东是孔孟之乡,文化传承历来兴盛,在各朝各代都有不可替代的地位。上述几个地区的城邑无论是城市建筑规模还是筑造技术都是同时期相对发达的地区,也是遗存瓦当较有特色的地区,所以本节主要从上述几个重点地区解析瓦当的特征。

(一)陕西地区

中国的瓦当最早是发现于陕西境内扶风和岐山县的原西周遗址,这里曾是周武王姬发灭商汤之后的都城,周遗址存在大量的周建筑、墓葬群遗址等。其中岐山凤雏村西周原宫殿遗址的发掘,出土了些许瓦和瓦当,从遗址遗存推断,建筑屋顶、屋脊和檐口等地方都已经使用了瓦,并出现了最早的瓦当。

秦国是周王朝在陕西境内的一个面积不大的属国,在春秋和战国时期通过不断攻伐和征战,逐渐形成了以渭河流域的关中地区为中心的统治区域,先后以陕西扶风、西安阎良武屯镇、咸阳窑店镇为都,在这些地区的战国建筑遗址出土了大量的秦瓦当,另外在阿房宫遗址和秦始皇陵区也发现了秦国时期的瓦当。游牧狩猎生活在秦国社会经济活动中曾经占有重要组成部分,又由于秦离周天子的都城较近,因而也受到周王室一定的影响,所以瓦当纹样主要是动物纹、植物纹和素面纹,造型粗犷豪放、大气磅礴,图案内容丰富,对后来汉代瓦当纹样发展产生了不小的影响。

长安坐落于西安西北郊,是西周、西汉、盛唐等十余个朝代的都城,是在中国历史上建都王朝最多、建都时间最长、影响力最广的都城。西汉长安城的遗址出土的瓦当从数量、品种与质量来看,均居汉代之首。在西安附近的西汉王朝的历代帝王、帝后陵园的建筑遗址中也出土了数量可观的瓦当,其中以汉高祖的长陵、汉景帝的阳陵、汉武帝的茂陵和汉宣帝的杜陵的建筑遗址出土的汉代瓦当数量最多,为研究汉代瓦当的年代序列,提供了一批珍贵的实物资料支撑。其中西安地区出土的文字瓦当,字体或隶书或篆书,运笔或遒劲或飘逸,内容或祈福或求震慑,其形其意可为谓蔚为大观,开创了瓦当史上的鼎盛时期。隋唐时期长安无论建城面积还是建筑数量都非常大,成为当时世界首屈一指的城市,现在的长安仍存在大量建筑遗迹,隋唐时期遗留的莲花纹瓦当、兽面纹瓦当、佛像瓦当体现出的精美、大气、华丽也让人感叹大唐盛世的繁华与开明。

(二)河南地区

河南洛阳,华夏文明的发祥地之一、丝绸之路的东方起点,隋唐大运河的中心城市。周平王东迁,汉光武中兴,曹魏相禅西晋,北魏孝文帝迁都,隋唐盛世,后梁唐晋,相因沿袭,共十三个王朝之多,因此洛阳也被称为十三朝古都。在历史上曾几度废兴,各朝各代的历史遗迹数不胜数。先是作为东周王城所在地,见证了东周王室重新振兴到日渐衰败直至灭亡的历史全过程,后成为西汉时期的重要城市,汉南县城亦置于此。东汉时期,光武帝定都洛阳,洛阳正式取代长安成为京都,连绵延续近二百年。随着近年来国家文物部门对汉代遗址的大规模勘测、考察和发掘,在洛阳、新郑、南阳、安阳等地的汉代遗址中出土了数量巨大的汉代瓦当,为研究汉王朝历史提供了大量的历史资料。

随着历史车轮向前滚动,洛阳又历经了曹魏、西晋、北魏等朝代,历经几百年的文化积淀。朝代的更迭使洛阳历史遗迹中出现了各类纹饰瓦当,其中以云纹、莲花纹、兽面纹为主。北魏时期人们信仰佛教蔚然成风,莲花纹瓦当代替云纹瓦当成为了当时最为盛行的瓦当纹饰类型,现存出土的精美绝伦的莲花纹瓦当大多是这时期产生的。如北魏时期的莲花瓦当,当面纹饰为复瓣莲花纹，花饰繁奢华丽，造型灵动，为中国瓦当史上莲花纹饰的经典之作。北魏永宁寺兽面纹瓦当，瓦色呈青灰色，瓦质细腻致密，表面抛光，相传此类瓦当烧造时涂抹胡桃油，千百年来仍焕然若新。

（三）山东地区

齐国是春秋五霸、战国七雄之一。春秋战国时期齐国和鲁国为相邻诸侯国，也存在"齐国文化"和"鲁国文化"两种文化，战国时期，齐、鲁两国文化也逐渐融合为一体，形成我们熟知的齐鲁文化。山东现在被冠以齐鲁大地之名，也因于先秦时期齐、鲁两国的影响。

战国时期的齐国政治强盛、经济发达，该时期齐国瓦当在中国瓦当发展史上是具有显著特色且占有重要地位的。齐国瓦当形制上以半圆瓦当为主，兼有少量圆形瓦当。当面纹饰上春秋时期为素面，战国时期以经典的树木纹、树木双兽纹为主，还有云纹、双人双骑纹等，造型拙朴，具有浓郁的地域特色。齐国瓦当题材多以树木纹为主，在此基础上又多生演变，其不变的是画面中心的纵向树纹，其变化的是树纹两侧的图像，多为马匹、仙鹤、人，或抽象的三角纹、乳钉纹等，变化极为丰富。

20世纪40年代，在曲阜鲁国故城遗址上发掘了灵光殿遗址。后来又对鲁瓦当相对集中地区鲁城遗址进行了全面地勘探和发掘，发现了大量瓦当。鲁瓦当有半圆形和圆形两种，素面瓦当一般为半圆形，纹饰瓦当有同心弧线纹、树木双兽纹、几何乳钉纹等。从出土的齐瓦当和鲁瓦当比较看，属于两种不同的风格类型，这也表明了两国的思想文化和地域上的差异，这种差异直到战国后期才渐趋同一。

(四)江苏地区

南京,古称金陵、建康,在历史上曾为三国的东吴、两晋的东晋、南北朝时期刘宋、萧齐、萧梁和陈朝的都城,故史称六朝古都,五代十国时期的割据政权南唐和清末时期的太平天国也曾定都于此。近年来,随着城市建设的发展,越来越多的古城遗址被勘探和发掘出来,在南京地区遗迹发掘中出土了大量六朝时期的瓦当。其中最为经典的是孙吴时期的人面纹瓦当,其在中国瓦当发展史上称得上是一种罕见的瓦当类型,人面纹饰多元丰富,刻画形式繁杂不一,神态变化多端,或抿嘴微笑,或开口大哭,或沉静安详,或悲悯愁苦,其共同特征是都对脸部的面颊和表情作了艺术化夸张处理。除了人面纹,江苏地区在六朝时期还出现了独特的兽面纹瓦当,以及数量巨大的莲花纹瓦当,还有别具一格的曹魏和东吴时期的锯齿云纹瓦当。

六、瓦当纹饰的演变及内涵特征

瓦当作为中国传统建筑构件,不仅具有保护房屋不受雨水侵蚀的实用功能,而且承载着中华民族造物传承的美学价值,同时瓦当在奴隶社会和封建社会也是一种重要的等级区分凭证,如在西周时期只有统治阶级的宫殿建筑才可以使用瓦当,在封建社会黄色琉璃瓦当只能用于皇宫、帝陵和高级别寺庙建筑。

礼制文化源于周代,在封建社会盛行,其核心内容被代代传承,至今仍在或多或少地影响着人们的生活行为习惯和思想价值观念。《礼记·坊记》中说:"夫礼者,所以章疑别微,以为民仿者也。故贵贱有等,衣服有别,朝廷有位,则民有所让。"这里"礼"的目标就是要将原本人人都可享有的审美权利分出高低之别，以达到维护封建社会所建立的等级秩序的目的[2]。瓦当作为建筑装饰的一个部分，也就成了高低贵贱之别的外在体现，它既不能像书画作品那样狷狂肆意地表达个人情感；又不能似玩赏陈设那样随趣而至地追求体格品味，而是要求某一社会等级必须配以相应装饰的等级规范，决不可任意更改，不足或超越都是违背"礼"的[3]。例如在《旧唐书》中记载有关朝鲜半岛高句丽王朝使用瓦当的限制："其所居必依山谷，皆以茅草葺舍，惟佛寺、神庙及王宫、官府乃用瓦。"

发轫之初的西周瓦当多呈半圆形、素面，没有过多装饰，彰显瓦当的原始之美。除素面瓦当外，也有部分沿袭青铜器纹饰的风格，如重环纹半瓦当模仿西周时期青铜器上的图案纹饰，喻示王权思想，厚重规整、气象森严，给人以神秘的威慑力，显示着建筑物主人声名显赫的地位，充分体现了商周奴隶主的威仪。周王朝将这种王权统治思想用于瓦当之上，将其置于宏伟的王宫建筑上，反映了周代王权神授的威仪。

春秋战国时期，中国正逢奴隶社会瓦解，封建社会形成的大变革时期，出现了历史上思想上第一次大解放，社会、政治、经济、思想文化发生巨大变化，同时也包括艺术上的空前活跃，瓦当艺术呈现出崭新的艺术风貌和百花齐放的特征，图案纹饰丰富，并极具地域文化特色。如燕国燕下都遗址出土的饕餮纹瓦当是战国时期的经典瓦当之一，神秘且凝重的饕餮纹作为瓦当主题纹饰被使用在都城象征王权的宫殿建筑上，在某种意义上也是燕国社会文化的折射和王权威严的映射。秦瓦当动物纹饰取材广泛，刻画细巧，图案写实，生动活泼，刻画了秦从放牧迁徙的游牧经济向圈养家畜的农业经济转变的历史，体现了社会各阶层的不同诉求和愿望。

秦一统六国后，进入封建王朝统治时期，瓦当在图案形式、题材内容和工艺制作等方面发生了很大变化。其一,纹饰题材趋于统一,多集中在葵纹、云纹,并继承了先秦一部分诸如鹿、虎、犬等动物纹,装饰手法由写实逐渐演变为抽象;其二,纹饰的布局形式趋于统一,如云纹瓦当几乎都严格遵循双线界分和均分当面的画面组织形式;其三,秦统一天下后瓦当的当面形制由半圆过渡到了整圆,这使得当面的面积翻倍,得以承载更多的纹饰内容,并使瓦当有了明确的圆心和视觉中心。这些都反映了秦代作为中国第一个大一统的封建王朝的各项规章制度及文化意识形态方面的统一。

两汉时期,瓦当无论从内容到形式都达到了繁荣的鼎盛阶段。云纹瓦当在传承秦代云纹基础上,经过创新和演变,使云纹瓦当的纹饰更加规制化和理性化,纹饰中部的圆形内区(多饰网格斜线)演变为“乳钉”(即凸起的圆钮状中心),且乳钉呈现逐渐变大的趋势。在汉景帝时期出现的文字瓦当更是大放异彩,在中国瓦当史和艺术史上写下了浓重的一笔。文字瓦当的出现,体现了浓重的人文色彩和神幻色彩,充满美好寓意的文字不仅是祈福和诉求的表达,更是和瓦当相结合变成了一件内涵丰富的艺术品,并由于自身承载了众多的政治意识形态方面的内容,又时常成为统治者弘扬其政治业绩和政治思想的宣传品,如“汉并天下”瓦当,彰显了汉代繁荣强盛和大一统的国之政绩。这些文字瓦当的当面文字排列组织和谐、有序、整洁,显示出汉代质朴厚重的艺术风格。所用文字多为一些表示祝愿或祈福的吉语,异彩纷呈蔚为大观,其艺术观赏性可与精致细腻的印章相媲美,形成了自己独有的艺术风格。

魏晋南北朝时期,佛教和佛教建筑兴盛,佛教题材的纹饰逐渐被运用到瓦当的当面中,体现佛教文化的莲花纹瓦当盛极一时。同时期的还有兽面纹饰,用来彰显佛教威严不可侵犯的地位,青州魏晋南北朝时期寺庙建筑的兽面瓦当表层多施以银粉，使本就高高在上的兽面瓦当又增添了几分尊贵和威严。

隋唐和五代时期，在佛教文化的影响下，莲花纹和兽面纹瓦当持续兴盛，另有少量佛像纹瓦当、羽人瓦当及忍冬纹瓦当，而文字瓦当自西汉以后已经失去滋养其的社会环境与文化土壤，已呈颓势，唐代仅有"永隆"文字瓦当出土，应为最后的文字瓦当。唐代的纹饰特征可以概括为圆润、浑厚、华丽、磅礴，这与唐代经济文化的高度繁荣和民众的普适性审美有直接的关系。

宋代，由于最高统治者重文抑武国策的影响，文化高度繁荣，画风婉约细腻，一改盛唐时期雍容华贵和气势恢宏的审美，而向细腻、秀逸的方向发展，兽面瓦当逐渐取代了莲花纹瓦当的主宰地位，并传播到同时期辽国、金国和西夏，一直延续到明清。宋代兽面瓦当形态多变、艺术性强，纹饰刻画细腻。辽、金、西夏兽面多受宋的影响并掺杂了本族地域文化的特征，有些兽面还有一定的拟人化倾向。此时期的兽面瓦当尚有艺术气息，也撑起了瓦当发展史上的最后倔强，自宋代以后，瓦当艺术层面的表达渐渐落下了帷幕。

元明清时期，是瓦当发展的低潮期，其纹饰内容相对程式化，创新度不够。这一时期除了灰陶瓦当外，琉璃瓦当的发展和应用进入了繁荣期，但琉璃瓦主要运用在皇宫殿堂、皇家园林、高级别寺庙建筑上，图案以云龙纹为主，象征皇权的至高无上，代表等级和地位，起到"震撼人心"、巩固权力和分化阶级的重要作用；同时是人们的精神寄托，龙作为华夏民族几千年来的精神图腾，是吉祥如意、驱邪避灾的象征。除了龙纹瓦当，元明清还有兽面纹瓦当，但此时期的兽面纹瓦当在艺术性层面已经无法与唐宋的兽面相提并论，尤其是清代的兽面纹饰毫无威严可言，制作工艺与烧制质量也大不如唐宋。至此，瓦当的实用性又开始超越了其艺术性。

发轫之始——西周时期的瓦当

第二章　发轫之始——西周时期的瓦当

一、概述

　　西周初年,疆土分封,建都筑邑,礼乐渐成。周朝礼制的内容和规范有了空前的发展并调整着社会生产生活的各个层面。作为典章制度,它是社会政治制度的体现,是维护上层建筑以及与之相适应的人与人交往中的礼节仪式,用于定亲疏、决嫌疑、别同异、明是非,是社会的典章制度和道德规范。此时,包括建筑在内也成为了礼乐文化秩序的重要载体,统治阶级以建筑形制和建筑体量区分人的社会等级,建筑的开间、装饰、颜色等也都有严格的礼制规定,以达到维护阶级秩序的目的。瓦当用在高大建筑物的屋檐前,人们仰而视之,这时瓦当的尺寸及纹饰内容就充当了阶级区划的角色。在周代及以后的很长一段时间内,瓦当与车马、冠服、仪卫等事物联系起来,成为反映社会等级制度的外在标志,并纳入国家礼仪法典的范畴之内。瓦当装饰图案虽能表现人们的主观审美意趣,但其表现形式却不能随心所欲地创作和应用，而是要符合"礼"的精神。西周统治者通过规模宏大的宫殿建筑自然形成阶级分层和精神层面的压迫感，本就为数不多的瓦当也成为了阶级分化和礼乐秩序的标志之一。

二、西周瓦当发展的背景

从原始部落氏族社会到奴隶社会再到早期封建社会，人类的生活方式从漂泊不定的采桑狩猎发展到相对稳定的农业定居生活，栖身之所也从巢居、穴居到"住房有其屋"。公元前约2070年，启承王位，后传位于太康，用"世袭制"取代了自三皇五帝传下来的"禅让制"，开启了"家天下"的时代，标志着漫长的原始社会被私有制社会所代替。私有制与阶级观念将人群的居住空间分异，"君子居国""小人狎于野"，即统治阶级居于城，身份卑微的奴隶居住于野，世人的阶级宗族观念进一步增强。夏朝在极低的生产力水平下，完成了我国木结构建筑体系的草创，并逐步开始掌握筑城与高台建筑的方法，开始了建造坚实耐用的建筑的探索。商周建筑以夯土技术的使用为基本特征，建造了大量的夯土台基和城墙，表明这时期已经熟练掌握了夯筑技术，并且城市开始出现，城市布局初具雏形，宫殿建筑也开始出现。但这个时期无论是奴隶主的宫室还是普通房屋，都处于"茅茨土阶"的状态，即用夯土为房屋的地基，茅草覆盖于屋顶，十分简陋，建筑的抗风等级和防雨等级低下，急需一种新的建筑材料代替茅草。

三、瓦当的初现

在中国，瓦作为中国传统建筑一种重要的建筑构件，最早被发现于西周时期。西周建立后，随着制陶技术发展和生产生活的需要，周代的工匠们开始对屋顶防水和防风功能逐步探索改进,在对屋顶的覆盖材料进行不断地试探和革新后,瓦出现了。根据考古发现,在西周早期的中国陕西扶风、岐山一带的周原遗址建筑上已经有瓦使用的痕迹。周原是周文化的发祥地和灭商之前周人的聚居地,东西长约五千米,南北宽约三千米,遗址内分布着大量西周时期的城墙、宫殿、建筑、水网系统、墓葬、手工业作坊和青铜器加工作坊等遗迹。从西周遗留的瓦可以看出,早期遗址中遗存的瓦数量较少且制作粗糙,判断当时仅用于建筑的屋脊、屋檐部分。为了强化建筑的抗风等级和屋顶防水,周人使用泥土烧成瓦覆于建筑之上,使屋顶的防水性有了很大的改进。瓦的出现同时也满足了统治者划分阶级的需要。

关于瓦当的发现,根据考古发掘出来的周代建筑的陶瓦,可以得知西周中晚期宫殿屋顶已经铺满了陶瓦,屋顶上成排的筒瓦到了屋檐处,它们的瓦头挑伸在外,垂直于地面组成十分醒目的屋顶镶边,这便是瓦当。通过西周遗址出土的瓦片尺寸和排水的陶土管道及滤水卵石暗沟的建筑模式推断,这一时期的建筑追求高大、宏伟,高台建筑已经出现。这时期的宫殿大都建在阶梯形的夯土高台之上。其中,岐山凤雏村发掘的西周时期(前1046年—前771年)宫室建筑遗址是我国已知最早、最严整的四合院实例,是西周最具有代表性的建筑遗址。"凤雏遗址"是一组较为完整的四合院式房屋遗址,由前后两进院落组成。建筑中轴线上依次为影壁、大门、前堂、后室。前堂与后室之间有廊联结,整体以规整的单体围合,构成建筑的内向性。平面组合的对称与内向,是中国传统建筑的重要特征,这一特征至少在周代已基本成形。

四、西周瓦当的纹饰及特征

1976年,周原考古队在陕西省扶风县召陈村西周中晚期周原遗址的考古勘察和发掘中,出土了我国最早的半圆形瓦当五十余件,瓦当主要为素面瓦当,还有一小部分刻花瓦当,证明了西周时期(前1046年—公元前771年)的建筑已经有了瓦当的使用。考古人员在客省庄西周遗址也发掘了数十件瓦当,个别瓦当当面遗留朱砂,朱砂的作用主要是装饰或辟邪。从出土瓦当看来,西周时期开始使用瓦来覆盖屋顶,遮风挡雨,但从出土位置和数量分析,该时期的瓦当仅限于统治阶级宫室建筑专用,民间建筑尚无瓦当应用案例。从侧面说明西周时期的瓦当作为建筑上首次出现的重要构件只是统治阶级的专属,并未得到普及性推广。

从西周遗址出土的瓦当看,这一时期的瓦当形状外观均为半圆形,分为素面类和纹饰类两种。素面半圆瓦当的当面无任何纹饰。纹饰类当面内容花纹为粗绳纹、细绳纹、重环纹。半圆瓦当当面纹饰内容与商周时期青铜器上流行的重环纹较为相似(图2-1),或以当心为中心,多层环绕排列,间饰以弦纹、同心圆纹等,布局略有差别,有些在边轮内饰一周重环纹;有些在边缘

图2-1 西周 重环纹瓦当(图片来源于网络)

处饰三道弦纹。雕刻均为阴刻手法,这些简单的纹饰纹路线条宽窄不一,造型不甚规整,但整体自然含蓄、素雅古朴。

五、本章小结

从西周出土的瓦当可以推断,早期的瓦当无论是形制造型还是纹饰内容都处于萌芽起步时期,实用功能大于装饰功能,纹饰内容简单质朴,还没有形成完善的制作体系和设计体系。但从西周遗存的瓦当纹饰上可以看出,在生产力低下和生活乏味的西周时期,人们已经开始有意识地在瓦当制作中融入一定的艺术元素。西周瓦当质朴简单纹饰的融入,既表现了西周人民朴实纯真的人文情怀,又具有明显的装饰功能,彰显了瓦当的原始之美,可以说西周时期瓦当的出现,不仅翻开了中国建筑史的新篇章,还揭开了中国古代瓦当艺术发展的序幕。

第三章

百花争艳——
春秋战国时期的瓦当

第三章　百花争艳——春秋战国时期的瓦当

一、概述

　　春秋战国,"礼崩乐坏",新旧秩序交替,政治上诸侯纷争,文化上百家争鸣。此时期各国城市规模普遍扩大,各诸侯国出于防卫需求"筑城以卫君,造郭以守民",人口密集型都邑崛起。各国纷纷修建城市、关隘和宫殿,并倚台逐层建造木构房屋,借助土台,形成组群式高台建筑,以满足统治者的侈欲和防卫要求。目前已知春秋战国时期的重要城池遗址有河南洛阳东周王城遗址、新郑韩国故都遗址、陕西凤翔秦代雍城遗址、山西侯马晋国故城遗址、山东淄博齐国故都遗址、曲阜鲁国故都遗址等,这些城市既是各诸侯国的政治中心,也是工商业集中的经济中心。各国城市建筑营造和布局,基本遵循"周制"但又有所扬弃和发展,并存在较大的地域差异,瓦当作为建筑构件也因各诸侯国不同的地域文化而呈现出多元且鲜明的地域特征,显现出百花争艳的态势。

春秋战国时期各诸侯王城遗址中均发现了大量的板瓦、筒瓦以及半瓦当和圆瓦当，瓦面多雕刻各种精美的图案，可见该时期瓦当开始普及化，并形成了较为完善的制作体系，这标志着中国的古代建筑开始考虑装饰问题，建筑的住宅空间功能与装饰美学开始彼此融合。

二、春秋战国瓦当发展的背景

公元前771年，犬戎攻破周王城镐京，杀死周幽王，西周宣告灭亡。第二年，周平王东迁洛阳，中国历史发展进入了春秋时期（前770年—前476年）。春秋战国时期是我国社会大变革时期，在此期间，政治、思想、经济都呈现出新的面貌。政治上，周初建立的分封制度开始崩溃。东周王室逐渐衰微，对诸侯国的控制日益减弱，各诸侯国开始各自为政。经济上，针对经济方面的改革兴起，如齐国管仲"相地而衰征"、鲁国的初税亩等，这些改革实际上都承认了私田的合法性，使得农民的积极性提高，农业在技术上有了大发展，手工业和商业也呈现出繁荣发展的趋势。思想文化方面，出现了孔子等一批思想大家，可以说当时是一个思想大解放时期，文化上开始出现繁荣开放局面。军事上，各个诸侯国的军事实力大大增强，群雄纷争，战争不断，经过连年攻伐，强大的诸侯国在局部地区实现了统一，逐渐形成了以"春秋五霸"（齐桓公、晋文公、秦穆公、楚庄王、宋襄公）为主要诸侯王国的格局。各诸侯国独立、兼并和扩张，经济生产水平提高，文化发展繁荣开放，人口数量增多，手工业和商业进一步发展，建造技术随着生产力的发展进一步提高，各国的都城进一步建设，瓦当的数量和品种开始增多，为战国时期瓦当的繁荣奠定了基础。

战国时期（前475年—前221年），随着春秋五霸被战国七雄（燕、赵、魏、韩、楚、秦、齐)代替,七雄各霸一方,各诸侯国为了控制更多的人力和物力、消灭或兼并其他国家而陆续进行变法改革,发展生产力。同时,铁犁牛耕的出现及推广,特别是它在农业和手工业方面的应用,使得封建经济得到迅速发展,标志着生产力发展到了一个新的阶段。在文化和思想学术发展层面,战国之世,传统的礼乐文明已陷入解体,原有的制度和思想体系,都无法适应新形势的需要,为了探索符合时代发展的思想体系,相继涌现出儒家、道家、法家、墨家、兵家等学派,形成百家争鸣的局面,辩家鹊起,创造了辉煌的先秦文化。作为一国政治、经济和文化中心的国都,如秦国的咸阳、齐国的临淄、燕国的下都、赵国的邯郸、魏国的大梁等大都市相继得到较大规模的发展。城市中大批的封建官僚、贵族等大兴攀比之风、奢靡之风,兴建官邸、园林场所,使得城市建筑业发展日胜一日,从而刺激了砖瓦制陶工艺的发展变革,瓦当的制作材料有了较大的突破,制作工艺也有了很大的进步,加之诸侯各国施行不同的文化政策以及各国独特的地域环境等因素,瓦当艺术在内容和形式上逐渐呈现出特有的地域文化特色,在外形上也开始独具一格,瓦当也是在这个时期进入了第一个鼎盛发展的阶段。

战国时期,在形制上半圆瓦当依然是主要的形制类型,但圆瓦当在楚、秦、赵也先后出现。在纹饰上素面瓦当虽然仍有一定数量,但带有装饰的纹饰类瓦当已经占据主流。其中,齐国故都临淄盛行树木双兽纹半瓦当;赵国以素面圆瓦当为主,有少量鹿纹瓦当;燕国多饕餮纹、云山纹、卷云纹瓦当;秦国流行单个动物图案组成的瓦当;楚国以素面瓦当为主;鲁国以云纹瓦当为主。这一时期的瓦当的特点是当面纹样简洁,多追求自然和谐之美,所以纹样以山水飞禽图案较为常见,图案具有象征意义,具备了一定的艺术气息。

三、春秋战国时期齐国瓦当

（一）齐瓦当发展概述

齐国，春秋五霸之一，山东境内重要的诸侯国，国都临淄，今山东省淄博市临淄区境内。《晏子春秋》中记载："齐之临淄三百闾，张袂成荫，挥汗成雨，比肩继踵而在。"可见当时齐国故都临淄的繁荣与人口的密集，据司马迁《史记·齐太公世家》记载，约为公元前9世纪中叶，齐献公由薄姑（今山东博兴）迁都至临淄，从此临淄作为齐国的国都，直到公元前221年被秦所灭，前后长达630多年，曾是当时山东地区乃至东方重要的政治、经济和文化中心，为列国中最繁荣的都城之一。据考古工作者的调查、勘测和发掘，基本厘清了临淄城的宫室、城垣、城门以及城内道路、作坊、水渠、墓葬等的分布情况，期总面积约为17平方公里。在城内北部高地，当地人所称的"桓公台""金銮殿"一带，集中分布着宫室建筑遗址，在其周围地区发现了大量的板瓦、筒瓦和瓦当等遗物。

（二）齐瓦当的特色

从城北的桓公台宫殿遗址出土的瓦当来看，春秋战国时期的齐瓦当大都是半圆形，圆形瓦当较少，瓦当的直径一般在13—20厘米之间。瓦当纹饰有早期素面纹以及后来的树木双兽纹、三角纹、人物纹和少量的几何纹。这些瓦当纹饰简洁，其素材多来源于世俗生活场景的写实与提炼，从纹饰题材的保有量分析，树木双兽纹饰瓦当数量当属第一。早期树木双兽纹风格逼真写实或写实与装饰相结合，战国时期齐国纹饰发展更加多样，除了素面瓦当和树木双兽纹瓦当外,还发展演变出许多新的纹饰,如经过抽象变形风格的树木卷云纹、树木乳丁纹、树木箭头纹瓦当等。这几种纹饰风格的瓦当,半圆形和圆形皆而有之。从表现手法看,战国初期的树木双兽纹瓦当,无论是对树木的描绘,还是对各种动物形象的刻画描述,都充满了写实意味,体现出较强的绘画性。到战国中期的树木双兽纹瓦当,对树木的表现,与战国早期相比,线条简练概括,其艺术表现手法具有强烈的装饰性。后来花纹逐渐变得抽象,逐渐演变为云纹、三角纹、箭头纹等,但仍以中轴对称为主。春秋战国时期,除齐国外,很少有国家的瓦当纹样中用到树木纹,即使燕、秦国有树木纹瓦当,也是受到了齐地的影响。

图3-1 战国 齐 树木纹瓦当(图片来源:山东省中国古代建筑研究基地)

图3-1为战国齐国树木纹瓦当(左侧1/4处有修补痕迹,为左右2块瓦当对接修复),直径18厘米,图案呈中轴对称式,当面为一抽象的树木,有树干及侧枝,两侧下面对称分布二乳钉纹,其中,树木纹占据主要空间,为纹饰主体部分,如果沿中线进行切割,就形成两个对称的图案纹饰,追求均衡的形式美感。

四、春秋战国时期秦国瓦当

（一）秦瓦当发展概述

秦国（前770年—前207年），是周朝时在中国陕甘地区建立的诸侯国。秦始祖非子为周天子养马有功而获封附庸国，开始形成秦国的基本雏形，西周灭亡后，周平王东迁，秦襄公派兵护送有功，被正式加封为诸侯王。自此，秦国正式成为周朝的诸侯国。秦穆公时国力逐渐壮大，经过战争称霸西戎，跻身"春秋五霸"行列。进入战国后，秦国发展更加强大，秦孝公（前361年—前338年）在位时，励精图治，任用卫鞅（即商鞅）进行一系列变法，国力日强，兵强民富，成为战国中后期最强大的国家，也为秦始皇统一中国奠定了基础。

雍城（今陕西省宝鸡市凤翔区）是秦国东周早期时的都城，从公元前677年建都至公元前383年止，建都长达294年，是秦国建都时间最久的国都。在雍城遗址出土了大量纹饰图案瓦当，工艺精良，反映出秦国春秋至战国早期的瓦当制作已经达到了一定的水准。咸阳位于关中平原中部，"八百里秦川"腹地，因山南水北皆为阳，故名，是秦国自战国后期秦孝公迁都（前351年）至秦灭亡（前206年）时期的都城，是战国后期经济发达、人口密集的城市，也是见证秦统一六国全过程的都城。秦都咸阳跨越了战国到秦汉时期一百多年的历史，生产的瓦当种类之多，制作之精，当面纹饰之丰富，让人叹为观止，其在中国古代瓦当发展历史上占据了极为重要的位置。

（二）秦瓦当的特色

从秦国两都遗址出土的瓦当，按形制句分为半圆形瓦当和圆形瓦当，但从发现数量上看，圆形瓦当占主流。秦瓦当纹饰题材广泛，主要为图案瓦当和图像瓦当，春秋时期的秦半瓦当，多为素面，到了战国中后期素面半瓦当逐渐减少，逐渐演变为带有图案的半瓦当。秦瓦当材质均为泥质灰陶，在制作时一般火候较高，多呈铁灰色，质地细密坚硬，形制较小，边轮较窄。

秦圆瓦当是在半瓦当基础上演变而来，开始出现在战国初期，至战国中期发展为主流形制。秦圆瓦当也分为素面和图案两大类，图案纹瓦当主要纹饰有各种动物纹、植物纹、绳纹、葵纹、云纹等。其中动物纹主要包括虎纹（图3-2）、鹿纹、凤鸟纹、蟾蜍纹、鸟纹、鱼纹、犬纹（图3-3）等，各种动物形象生动活泼，自由奔放，形神兼备。植物纹主要有莲花纹、树叶纹、树枝云纹、天地植物纹等（图3-4），纹饰以描绘现实生活中植物题材为主。秦圆瓦当的动植物纹饰整体布局均衡，极具魅力，韵味十足，别具情趣，在写

图3-2 战国 秦 动物纹 虎噙燕纹瓦当（图片来源于网络）

图3-3 战国 秦 双犬（獾）纹瓦当（图片来源于网络）

图3-4 战国 秦 田地植物纹瓦当（图片来源于网络）

实手法基础上加艺术夸张渲染表现,更加鲜明地烘托主题,极具艺术感染力,也在一定程度上反映了先秦时期秦人的社会经济生活和文化思想意识形态。

五、春秋战国时期燕国瓦当

(一)燕瓦当发展概述

燕国为西周初期分封的重要同姓诸侯国,西周灭亡后,燕国春秋时期不断发展,成为战国时期七雄之一。原以蓟城为都(今北京城西南),史称燕上都。燕桓公(前697年—前691年)在位时,迁都临易(今河北省易县),即燕下都。燕襄公时(前657年—前618年)以蓟为上都,临易为下都,成为后期燕国的政治、经济、文化中心,直至秦灭燕止,作为都城约五百年。其疆域包括今河北北部、辽宁、北京、天津等地区,金、元、明、清几朝都以燕上都为都,几经战火,遗址被毁坏殆尽,而燕下都从作为政治中心的都城遗址,到一些重要的军事、经济和交通城邑遗址,保护得当,未遭战火,存留了大部分建筑遗址,出土了大量半圆形纹饰瓦当。

(二)燕瓦当的特色

燕下都出土的瓦当最能代表燕国特色,形制均为半圆形,在形制和体量上,较为硕大厚重,一般常见的瓦当底径在14—35厘米,壁厚1厘米以上。素面瓦当是燕国最早使用的瓦当,出现于春秋早期,春秋中晚期出现了双龙饕餮纹半瓦当和羽状饕餮纹半瓦当[4]。到了战国中期,纹样更加多样,以饕餮纹半瓦当为主,另有山形云纹半瓦当。如图3-5即为山形云纹半瓦当,直径 16.5 厘米,纹饰中部为抽象的山形,两侧对称分布羊角纹和单头云纹。同时在齐瓦当文化的影响下,还出现了少量的树木双兽纹、树木卷云纹、树木双骑纹等半圆瓦当纹饰。

图 3-5 战国 燕 山形云纹半瓦当(图片来源:山东省中国古代建筑研究基地)

燕下都瓦当纹饰以饕餮纹最为多见,如图 3-6 即为双龙饕餮纹瓦当,直径 34 厘米,为燕国燕下都宫殿遗址瓦当,展现了西周青铜器神秘的饕餮纹饰风格。这类纹饰瓦当皆为模制,质地有泥质灰陶和夹砂灰陶两种,烧结程度高,质地坚硬。"饕餮"纹原是商周青铜器上常见的一

图 3-6 战国 燕 饕餮纹半瓦当(图片来源:山东省中国古代建筑研究基地)

图 3-7 商周 饕餮纹饰(图片来源于网络)

种纹饰(图 3-7),是一种经过幻化变形处理的兽面形象的总称,饕餮瓦当纹饰的构成,多以棱鼻为中心,两个侧面的兽形大致呈左右对称,勾画出一个正面的尖角翻卷、头生双角、双目圆瞪、龇牙咧嘴、面目狰狞的形态。表面上

表现出一种凶狠贪婪的形态,而其内涵是一种权力的象征。这种饕餮纹左右相对,合二为一,具有"协上下,承天体"的含义,象征着生与死、天与地、神与人的统一,除体现了殷商王权巩固精神需要外,也反映了历史文化氛围下的宗教精神、地位和作用。也可以说,饕餮纹是殷商文化积淀出的一种包含着诸多信仰、心理、感觉成分的美,以这种狞厉威严之美,释放出殷商王权巨大的精神力量,起到震慑恐吓的作用[5]。而后来饕餮纹从立体的青铜器转移到半圆形的陶制瓦当,被使用在象征王权的高级别的宫殿上,这一过程蕴含着燕国人民的审美意识和智慧。在考古学界,有人认为饕餮是以牛为化身演变的一种猛兽,具有深不可测的一种神秘力量,一方面既可以自我内心的尊仰,感召、凝聚本民族意志;另一方面又可以在心理上震慑、恐吓异族,保护本族,寄托对战争胜利的希望与期待。

六、春秋战国时期其他地区瓦当

(一)荆楚瓦当

楚国又称荆、荆楚,是春秋战国时期位于长江流域的诸侯国,国君为芈姓、熊氏。湖北是荆楚文化的故地,有大量的春秋战国荆楚文化的遗存,在楚国故地出土的瓦当材质多为泥质灰陶,色泽不一,有的呈灰色,有的偏青灰色。楚国出土的云纹瓦当纹饰与洛阳东周王城出土的战国云纹瓦当纹样相近,据推测,应该是受到其影响。出土的树木纹瓦当在树枝下饰以同心弧线纹,应是在吸收齐国树木纹瓦当纹饰元素的基础上的创新,形成了自己的地域特色。如在安徽寿春城(安徽省淮南市寿县城关寿春镇境内)遗址和湖北鄂王城(湖北省大冶市金牛镇)遗址中出土的瓦当,其当面饰以乳钉和"S"

形纹[6]，就是吸收了当时河南或山东地区同时期瓦当纹饰的影响。在南方地区除了在荆楚故地发现瓦当外，在岭南地区的广东也有少量瓦当发现。在广东地区出土的瓦当为战国时期的瓦当，有些为泥质灰陶，有些为灰硬陶。相比北方地区的瓦当当面略小，直径一般在15厘米。种类主要有素面半瓦当、兽角纹瓦当和云纹圆瓦当等类型。

（二）鲁国瓦当

山东曲阜，鲁国故都，孔子故里，儒家文化的发源地，与齐国临淄相邻。春秋战国时期，曾风光一时，遗存大量的文物古迹。从鲁国故城遗址上发掘的灵光殿遗址瓦当看，鲁国瓦当有半圆形也有圆形的，但和齐国的瓦当风格大相径庭。鲁国素面瓦当一般为半圆形，纹饰瓦当有同心弧线纹半瓦当、树木双兽纹半瓦当、变形树木兽面纹半瓦当、几何乳钉纹半瓦当以及云纹圆瓦当等。瓦当质地多为泥质灰陶，这与山东地区的土壤类型有很大关系。齐鲁两国在战国时期主要流行两种体系的瓦当，从出土的鲁瓦当和齐瓦当的对比来看，瓦当种类和装饰纹样表现出两种文化的特点，直到西汉时才逐渐趋于统一。

（三）其他诸侯国瓦当

其他诸侯国瓦当在各自属地遗址亦有出土，虽纹饰不够精美和典型，但也各有特点，如赵国瓦当以素面为主，同时有少量三鹿纹和变形云纹的圆瓦当；韩国主要是素面的半瓦当和圆瓦当，偶有云纹的圆瓦当。

七、本章小结

春秋战国时期，随着战乱不断发生和经济社会的快速发展，各种思想发生碰撞交锋，文化上百家争鸣，社会风俗产生变革，筑城造郭大兴土木，地域性文化蓬勃发展。总的来说，瓦当从西周中晚期产生到春秋再到战国的发展过程中，瓦当艺术逐渐被融入当时的社会生活和文化习俗之中。各个诸侯国的瓦当艺术在外观形式、纹饰题材内容、纹饰设计、构图方式和制作工艺方面都各具特色，所展现的文化内涵呈现多元化：有的是对现实生活的再现和彰显，有的是反映人们对万物神灵的原始崇拜，也有的注重游牧生活的表现。不同地域呈现出不同的艺术风格和文化内涵，对秦汉时期以及后来历代瓦当艺术的发展和演变具有深刻的影响。

第四章

光彩夺目——秦汉时期的瓦当

第四章　光彩夺目——秦汉时期的瓦当

一、概述

秦统天下，象天立宫；汉承秦制，壮丽重威。秦汉时期是中国封建社会集权制度的建立和巩固时期，也是中国传统建筑趋于定型和迈向成熟的开创时期。为体现"溥天之下，莫非王土；率土之滨，莫非王臣"的皇权思想，秦帝都和宫殿规划建设奉行"象天立宫"准则，在都市规划和宫庙建造中独创象天法地准则，以彰显大一统帝国与天地同在，与日月同辉，尽显皇权神授；两汉延续秦制，在"非壮丽无以重威"和"追求天人一体"的思想影响下，宫殿建筑营造体量硕大，形象突出，高台和楼阁建筑风行。《后汉书·宦者传·吕强》："造起馆舍，凡有万数，楼阁连接，丹青素垩，雕刻之饰，不可单言。"秦汉的大一统疆域、政权的高度集中与经济文化的繁荣使得宫殿、陵墓建筑营造的规模与体量尽显壮丽和奢华之风，同时也极大推动了这一时期的瓦当质量和瓦当艺术的大大提高，瓦当制作更加系统化和规范化，瓦当题材更加多样化和艺术化，秦汉瓦当数量之多、纹饰之丰富让人叹为观止。

　　秦代拉开了瓦当艺术发展的序幕，而汉代则将瓦当艺术发展推向了高潮，汉代瓦当纹饰题材在秦代动植物、云纹图案的基础上，进一步发展出了文字瓦当，从而形成中国瓦当发展史上类型最广泛、内容最丰富的一个时代，并把瓦当艺术的发展推向了高潮，成为了瓦当发展史上最为丰盈和最为成熟的时期。汉代是我国封建社会逐步走向鼎盛的时期，生产力的发展、统治阶级的需求、文化的繁荣使建筑的规模和艺术性变得宏大和璀璨，这也带来了建筑构件——瓦当使用的普遍性、多样性和艺术性。

二、秦汉瓦当发展的背景

（一）建筑视角的背景

1.建筑是"威四海"和"耀王威"的精神统治和阶级分化工具

　　公元前221年，秦始皇实现大一统进入封建王朝时代，结束了中国四分五裂的战乱局面，采取权力高度集中的中央集权制度，为显皇权威严，更由于秦始皇的好大喜功，秦代不惜国家财力、人力、物力，穷天下力量大兴土木，都城规划、宫殿建筑和陵墓的营造更是达到空前的规模。《史记·秦始皇本纪》记载："先作前殿阿房，东西五百步，南北五十丈，上可以坐万人，下可以建五丈旗"，现存的秦代阿房宫建筑高台遗址东西长1280米，南北426米，残高7—9米，与文献记载之规模几乎一致。随着都城、宫殿和陵墓的大量营建，以及厚葬风俗文化的兴盛，石材、砖瓦等建筑材料大量应用，瓦当制造相关产业随建筑的大规模建设而出现繁荣景象，再加上建筑营造体系逐步成熟，促进了秦代瓦当制作进一步地规范化、体系化和艺术化，从而也开辟了瓦当作为重要建筑构件的使用空间和提升空间,并使其发展向着高峰迈进。西汉立国初,汉高祖刘邦听从丞相萧何"非壮丽无以重威"的建议及在"天人合一"思想的诱使下,再次大建宫殿苑囿,高台建筑盛行,汉代兴建的大型宫殿和陵墓建筑比秦代有过之而无不及。汉代的大一统疆域、经济文化的逐步繁荣,极大推动了建筑的发展,宫廷楼台各抱地势、连属成群,气势恢宏,礼制建筑布局严整,肃穆庄严,如汉代兴建的长安城、未央宫、建章宫、上林苑和诸多的礼制建筑,都是十分宏伟壮丽的建筑,而汉代帝陵规模也非常庞大,蔚为壮观,如高祖至宣帝的7座帝陵均配置有陵邑,汉代这些规模宏大建筑的兴建都为汉代瓦当艺术的空前繁荣奠定了深厚的基础。

2.建筑风水观念和礼制制度影响

汉代都城规划和建筑布局以《易经》八卦为准则,以阴阳五行为理论,并与汉武帝时所推崇的"罢黜百家,独尊儒术"思想相结合,使得当时各种建筑在平面布局上规范化,注重整体的秩序与礼仪,战国以前那种形式灵活、布局多样的建筑已逐渐被前堂后寝、主房高大、左右对称并带有围墙的建筑所取代。都城规划和建筑营造的规范化、建筑风水理念、秦汉郡县制及大一统思想,也影响了瓦当的制作体系和纹饰设计理念,如两汉之间王莽新朝时期的"四神"瓦当的出土地点分别位于四个不同的方位,这充分显示了建筑风水理念在此时期建筑的择址定位中已经发挥了作用。汉代的礼制制度和大一统思想也体现在了汉代瓦当制作的规范化,当面形制由半圆逐渐演变为整圆,尤其是汉代当面纹饰开始有统一的视觉中心——乳钉(秦代也有但未规范化),并开始用线条把当面划分成四个等大小的区域,图案或文字纹饰均分在各个区域,有的还划分为"内区"和"外区",这使得整个当面纹饰的布局设计趋于理性化、规制化和统一化,形成了汉代特有的形制与纹样设计,并对后世瓦当的发展产生了重要影响。

3.高台和楼阁建筑的影响

秦汉两代盛行高台建筑和楼阁建筑,因年代久远虽已无遗存地面建筑,但从汉代遗存壁画和墓葬中可以看出作为汉代陪葬品的建筑明器多为楼阁建筑(图4-1),可推断出汉代地面建筑异于唐代以后的"横向扩展"的营建模式,倾向于"纵向延伸"。而纵向延伸的楼阁建筑势必有重檐,那么可推断出楼阁建筑整体的瓦片用量要远大于同面积同空间的单层建筑,这也在一定程度上推动了制瓦业的发展。另外,雄伟的宫廷建筑出于阶级的需要必然要求每一部分都可以彰显宫廷威严独具的壮丽,高高在上的瓦当也必然饰之以精致且内涵丰富的纹饰,或"天人合一"的云纹瓦当或"与神仙对话"的文字瓦当,尤其是内涵极其丰富的文字瓦当,与建筑完美结合,更加彰显了建筑的人文色彩,成为我国传统建筑的不朽亮点之一。楼阁建筑的大规模盛行,一是极大促进了汉代瓦作技术的发展及瓦当产量的激增;二是促使文字瓦当出现使之成为浓缩社会万象的信息媒介,并使汉代建筑充分耦合了人文因素,继而促进了瓦当发展的第二次高潮。

图4-1 汉 明器中的高层楼阁建筑(图片来源:网络)

(二)政治经济文化视角的背景

1.秦汉政治经济发展的促进作用

统一六国后,秦皇收缴天下财物于秦地,国力逐渐强盛,经济发展水平显著提高,农业、手工业、建筑业等繁荣发展逐步稳定了战乱后的经济基础,也促成了瓦当制造业技术的进步。文字、货币、度量衡的统一,及驰道的修建,为经济交往和发展提供了便利条件。再者,此时处于封建社会形成时期,仍有大量奴隶社会残余的免费劳动力,这些都为建筑业和瓦当制造业的发展提供了重要经济保障。

到了西汉初期,汉高祖为了稳固动荡不安的社会形态,恢复生产,推行"休养生息"的政策,实施了一系列恢复经济生产的措施,老百姓的生活有了很大的改变。惠帝继高祖后推行黄老"无为而治",又经过文帝和景帝"轻徭薄赋""约法省禁",经济逐步恢复,国力逐渐强盛,出现了"文景之治"(盛极一时的文字瓦当便出现在汉景帝时期),天下祥宁。西汉的经济繁荣和社会稳定促使生产力快速发展,促进了手工业者在瓦当艺术层面的创作,也使得瓦当制作工艺大为提高,制作体系相较于秦代也更加完善。

2.秦汉文化发展的促进作用

公元前134年,董仲舒提出"罢黜百家,独尊儒术",把儒家思想作为封建社会的正统思想,进一步加强了中央集权,强调了"唯一性",实现思想文化上的高度统一。这种大一统的思想影响到建筑体系的发展,使建筑形制趋于统一,在作为建筑构件的瓦当上也有所体现,一是形制的统一,从半圆到整圆;二是纹饰题材的统一,主要有云纹和文字瓦当两大类;三是当面纹饰布局的规制化,从战国时期的自由式布局变成了有明确视觉中心的对称式布局。另外,大一统的思想在瓦当的乳钉上也有所体现。先秦时期瓦当多无乳钉,到秦代时瓦当的乳钉比较小巧,发展到汉代瓦当乳钉尺寸逐渐变大。瓦当乳钉从无到有的演变与强化过程,不仅仅是突出了画面的视觉中心,侧面也反映了中央集权的集中和强化,同时也体现了汉代瓦当的制作已有了专门的体系和规制。

此外,宗教信仰也是汉代瓦当发展考虑的一个重要因素。佛教和道教是汉代流行的主要宗教。道教是一个非常崇拜神的宗教,他们引导信教的人追求长生不老、得道成仙以及济世救人这三种理念。佛教则是希望人能开创命运而不是听天由命,要保佑乐观的态度生活而不是消极态度。人们受到宗教的影响把宗教信仰融合于生活生产中,比如道教崇拜神仙,直接否定了关于死亡的宗教体验。道教主张追求长生不老,表现出强烈的长生要求。《抱朴子内篇·黄白》这样说:"我命在我不在天,还丹成金亿万年"。这种对于神仙对于长生的渴望,由信仰渗透到瓦当的艺术创作之中,汉朝人对永生的渴望,就展现在高耸的建筑和文字瓦当上。汉代宫殿均基台,借山之势,居高临下,上起观字,充满幻想,欲近神仙。汉代是楼阁建筑盛行的高峰朝代,高耸的建筑表达了世人与神仙交流的愿望,而处于建筑顶端的瓦当便充当起了世人和神仙之间的媒介,瓦当上的文字寄托了世人向神仙祈福的内心诉求。在汉代的文字瓦当中,表达世人渴求永生不灭的文字如"千秋万岁""亿年无疆""与天无极""长生无极"等,它们都明确传达着汉代人对长生不死的追求;再如"延年""延寿""千秋""万岁"等。文字瓦当在汉代这一独特的历史文化现象,它的出现并大放光彩是汉代流行高层建筑和世俗神幻思想的必然产物。

秦汉两代的厚葬文化对瓦当也产生了一定的影响。秦汉陵墓建筑追求前所未有的宏大,如秦始皇陵封土堆高达50丈,其陵园是中国历史上规模最大的陵园,从其建筑遗址中发现的大半圆瓦当直径达61厘米,被称为"瓦当王",凸显了建筑的恢宏气势。因受到秦汉建筑大体量的影响,秦汉瓦当尤其是汉代瓦当直径尺寸整体上大于任何一个朝代。

3.兼容并蓄多元文化的影响

汉代逐渐形成了以中原文化为核心,不断吸纳和融合其他民族文化的汉代文化,汉代文化是春秋战国时期"百家争鸣"得到总结的直接产物,也是文化成熟的标志。秦汉大一统的疆域和繁荣的经济促进了各地文化与中原文化的发展与交流,使秦汉时期的文化总体呈现出多元性、统一性、创造性,形成了具有海纳百川、博大包容的大汉特征的文化艺术繁荣景象,体现了中华文化的大气厚重与壮丽豪放的艺术精神。

多元文化的融合为秦汉瓦当的艺术发展奠定了坚实且广泛的文化和群众基础,也使得前朝瓦当的纹饰已经不能满足人们的精神需求,不得不在瓦当图案上有所反映与创新。此外,汉代文化中还突出表现出对宇宙空间的不懈探索,这一特质也影响到了汉代瓦当的创作形式,相比于秦朝图案瓦当对现实生活的纪实性,汉代瓦当更加追求图案艺术的夸张,在瓦当图案的制作上更多融入想象与构思,极具浪漫主义色彩。总之,秦汉代瓦当艺术的创造者借着敏锐的艺术感受力,将多姿多彩的生活及人文精神融入瓦当的艺术创作中,显示了我国古代劳动人民的智慧。瓦当广泛的题材,丰富的内涵,多样的形式,都是其他艺术难以替代的。

三、秦代瓦当类别

秦汉时期是瓦当发展的高度繁荣时期,根据其形制可分为半圆瓦当、大半圆瓦当与圆形瓦当。随着历史的发展和功能的完善，瓦当从半圆形逐渐过渡到圆形，这期间其形制和纹饰的演化经历了春秋战国群雄并立到秦的大一统的发展，政治形态演变、经济发展、文化跨越、审美转变全都蕴藏其中。

（一）形制分类

秦代是政权高度集中与疆域大一统的国家，"车同轨，书同文"，各项规制统一，瓦当也不例外，秦代时期瓦当形制趋于统一，由战国时期半圆和圆形瓦当并存统一为以圆形为主的形制，半圆瓦当已从战国时期的风行一时逐渐退居幕后，另偶见大型的大半圆瓦当出现在秦代的重要礼制建筑上。

（二）纹饰分类

秦代时期的瓦当纹饰主要以图案为主，大致分为葵纹瓦当与云纹瓦当，另有夔纹、动物纹和莲花纹，其中部分动物纹和莲花纹在战国晚期已经使用，但秦代仍旧沿用。秦代瓦当纹饰表现手法继承了战国时期的艺术风格，但在审美意识上进一步加强，美学风格更为突出，纹饰布局更加理性和规范。

1.云纹瓦当

云纹在古老的华夏历史文化中是最具有生命力的图案艺术代表，它的发生、发展贯穿了整个华夏文明，是中国艺术灵魂的核心内向力的凝聚。秦代的云纹瓦当，相比汉代的云纹瓦当，表现出更为简约、厚重、朴实、古拙的美学特征，体现了秦代古朴醇厚的审美文化形态和审美文化观念，同时秦代的大一统使其包含了各国的文化思想和生活习俗，使得秦云纹瓦当的民族性、社会性、空间性、时代性、地域性特征更加丰富。

以云纹为主题的瓦当，第一反映了秦代世人推崇的祥云缭绕，羽化升仙的思想,这一点和秦汉时期盛行神仙思想,统治阶级迷信神仙术士,追求长生不老是分不开的;第二暗喻农事顺利,上至帝王将相,下至黎民百姓,都希望年年风调雨顺、五谷丰登、社稷安宁,所以刻画云纹于瓦当,希望得到上天的眷顾;第三是古人探索神秘宇宙观念的质朴表达。

云纹瓦当种类较多,纹饰多变,但万变不离其宗,其共同点是当面被单线或双线分割为同面积的四个区域,分别饰有四组对称的云纹,或卷云纹、或蘑菇形云纹、或羊角形云纹等,瓦当中间饰有由菱形、方形等几何图案组成的圆心图案。秦云纹瓦当属于混合型图案,这从侧面说明了文化、思想的汇聚、交融、互惠、包容,表明民族文化在秦代基本已经凝聚完毕并趋向于形成。秦云纹瓦当文化中内含的能表明秦社会现状、文化思想的美学思想,展现了秦审美文化观念逐渐摆脱图腾局限转向人文意识的美学境界,在这个转向进程中秦民族文化完成了自身民族性的凝聚与形成,为汉代及以后的民族文化综合性与包容性的形成作了思想和文化铺垫,为汉代云纹瓦当及文字瓦当的发展指明了道路[7]。

卷云纹瓦当,如图所示(图4-2,直径17.5厘米),当面以中央凸弦圆圈为界,分为内外两区,外区分成四个均等扇形区域,每个区域有对称的卷云纹;内区较大,由4个对等的斜向45度直线纹扇形图案组成,布局规整理性。

图4-2　秦 卷云纹瓦当(图片来源:山东省中国古代建筑研究基地)

连云纹瓦当。如图所示（图4-3，直径14厘米），当面内区施菱形网格，最核心又施田字形加交叉纹，外区四格各施一组迤逦相连的卷云纹，其线条层层曲转回环，脉络清晰连贯，似有一种神秘的宇宙感。

图4-3　秦连云纹瓦当（图片来源：山东省中国古代建筑研究基地）

2.葵纹瓦当

葵纹瓦当是战国秦到秦代特有的一个品种，后人对其释义大概有三种，一种是葵花纹样的变形；二是太阳崇拜影响下太阳之抽象变形；三是有人认为秦人"尚水德"，葵纹中的涡旋纹纹样应与此有关；这三种解释都体现了人们对自然的敬畏和崇拜。葵纹形式多变，但基本纹饰一般是当面中部为圆环，将当面分为内区和外区，外区多为数量不等

图4-4　秦葵纹瓦当（图片来源：山东省中国古代建筑研究基地）

的卷曲的瓣形（或称作涡形），如图4-4，直径13厘米，外区为10个瓣形，内区有乳钉，是当面的中心，也象征着统治阶级的权力中心。

3.其他纹饰瓦当

除了主流的云纹和葵纹，秦代还有夔纹大半圆瓦当和几何纹的半圆瓦当。如秦始皇陵墓北2号建筑遗址出土的夔纹大半圆瓦当体型庞大,造型独特,纹饰精美,直径61厘米,高48厘米,被誉为"瓦当王"。几何纹饰半圆瓦当的当面纹饰由夔纹高度抽象变形而来,图案高度概括,富有几何学的理性美感(图4-5,直径17.5厘米)。

图4-5　秦　几何纹半圆瓦当(图片来源:山东省中国古代建筑研究基地)

四、汉代瓦当类别

(一)形制分类

汉代瓦当有圆形瓦当和半圆形瓦当两种形制,以圆形瓦当为主。半圆形瓦当由于在排水和美学角度都逊色于圆形瓦当,所以在汉代逐渐被淘汰。到东汉末年,半圆形瓦当绝迹,圆形瓦当成为后续朝代的唯一形制。

(二)纹饰分类

汉代的瓦当纹饰主要以云纹瓦当和汉字瓦当为主,另有少数动物类如

"蟾蜍玉兔"纹样类瓦当,及独有千古的四大神兽瓦当。汉代瓦当纹饰在表现手法上风格多变,规制布局上井然有序,表现内涵上丰富多元,制作工艺上也更加精良。鉴于文字瓦当和"四神"瓦当的在瓦当发展史上的重要地位,这两类瓦当另辟节段进行介绍,本节主要对云纹瓦当进行解析。

　　汉代云纹瓦当与秦代云纹瓦当一脉相承,并逐渐演化出自己的风格。秦代云纹古拙、朴实,汉代的云纹在秦代云纹基础上线条更加圆润,更具有装饰性,当面纹饰布局更加规整、构图更加饱满、雕刻手法更加精巧有序,线条更加流畅,形成一种独具特色的动感与韵律。汉代云纹式样富有变化,是汉代瓦当中纹饰数量最大的一类,已知有百余种之多。汉代云纹特征为当面中心多有乳钉,而秦代瓦当当面中心施网纹居多,汉代瓦当施网纹者较少。西汉中期以前的乳钉较小,西汉中晚期后乳钉的直径尺寸呈逐渐变大趋势。汉代云纹瓦当饰面结构设计饱满,根据纹饰变化,可大致分为卷云纹瓦当、羊角纹瓦当、连云纹瓦当、S形云纹瓦当、三角形云纹瓦当等,与秦代瓦当的纹饰内容相差不大,但在布局、造型与刻画细节方面更加规整、细腻与精致。如图所示(图4-6,直径15.5厘米),便为蘑菇纹瓦当,当面中央为菱形网纹组成的内区圆面,上下左右各有四朵布局对称的蘑菇形云纹图案,布局简洁、刻画古拙。

　　到了东汉晚期,云纹构成形式发生了一些变化,当面虽仍然为云纹装饰,但在云纹的外圈还

图4-6　汉　蘑菇纹瓦当(图片来源:山东省中国古代建筑研究基地)

增设了一周锯齿纹或变形的绳纹。这种特点的形成,有人研究认为可能是受到了西汉晚期关中地区流行的云纹瓦当中栉齿纹的影响,曹魏时期的洛阳地区多使用锯齿纹饰的瓦当,这也或许与连年战争有一定关系,锯齿纹或代表着一种"防卫力量",犹如美国别克汽车的标志在第二次世界大战期间发生了变化,由圆形的标志演变成了一个瘦长的盾牌标志。

汉代云纹瓦当纹饰承载了一定的大自然神秘信息特征,反映的是一种世人祈福和探索大自然的愿望,它通过线条的转折和粗细疏密变化表现云纹的翻腾变化,画面兼具秩序感和运动感,体现出非凡的艺术气息和气势。

五、千古绝唱的文字瓦当

文字瓦当的出现,是汉代瓦当的一大壮举。图案及图像瓦当自西周出现一直绵延至明清而不绝,是中国古代瓦当史的"主旋律",而文字瓦当作为精彩"插曲",在汉代大放异彩,在中国瓦当史和艺术史上写下了浓重的一笔。文字瓦当的出现,体现了浓重的人文色彩和神幻色彩,充满美好寓意的文字不仅是祈福和诉求的表达,更是和瓦当相结合变成了一件独特的艺术品,并由于自身承载了众多的政治意识形态方面的内容,又时常成为统治者弘扬其政治业绩和政治思想的宣传品。

在汉代,文字瓦当具有相当的保有量,并发展得相当成熟,文字瓦当有半圆形瓦当和圆形瓦当之分,以圆形瓦当为主。文字瓦当饰面字数不等,最常见的是四字瓦当,如"长乐未央";次常见的是一字瓦当,如"寿";二字瓦当则如"万岁""延年"等;此外也有三字五字及六字以上的,文字最多为十二字,如"维天降灵延元万年天下康宁"瓦当(图4-7),当面形式根据字数不同

而变化多样。一字瓦当多放于当面
正中央,二字瓦当大多左右并排,四
字及以上的瓦当则样式多变,不拘
一格多有讲究:有顺时针方向、逆时
针方向、十字交叉方向、右起竖排平
行方向、左起竖排平行方向、右起横
排平行方向、左起横排平行方向
等[8]。除文字排列形式多样外,文
字类别也多姿多彩,根据建筑属性
可分为四大类:宫苑类、官署类、祠

图4-7 西汉"维天降灵延元万年天下康
宁"瓦当(图片来源于《中国书法》杂志,执
繁阁藏)

墓类、宅舍类;另有吉语类和其他类两个类别。不同文字内容的瓦当约有四
百种,其中吉语类瓦当约占半数。

1. 文字瓦当的门类属性

① 宫苑类:

宫苑类文字瓦当仅限于带有宫
殿或苑囿名称字样的瓦当,而不包
括用于宫苑建筑的其他吉语类瓦
当。属于宫殿建筑物名称的汉代文
字瓦当主要有"甘泉""兰池宫当"
"朝神之宫""朝未央宫""鼎胡延寿
宫"(图4-8)、"宫""来谷宫当""羽
阳宫当""朝神之宫""上林""黄山"
"成山"等。这些取自宫殿名的文字

图4-8 西汉"鼎胡延寿宫"瓦当(图片来
源《中国书法》杂志,执繁阁藏)

瓦当,一种是秦宫汉葺之物,另一种是汉长安城中宫殿和上林苑诸宫观、京畿离宫别馆之物。但相对于吉语瓦当而言,宫殿建筑上配置的文字瓦当在当面装饰手法上显得较为单一,远未如吉语瓦当中诸如"长乐未央""千秋万岁""与天无极""与华无极"等文字瓦当复杂[9]。

"甘泉上林"瓦当(图4-9),直径15.5厘米。中心圆突外双栏四格界。篆书,四字上下排列。甘泉宫为汉代离宫,前身为秦林光宫,秦二世胡亥时期营建,至汉武帝时扩建,改为甘泉宫,气势宏大,位于今陕西淳化甘泉山下。

图4-9　汉"甘泉上林"瓦当(图片来源:豆丁网)

"兰池宫当"瓦当(图4-10)当径18厘米,轮宽1.4厘米。轮内饰单线弦纹。秦始皇迷信长生,屡次派人入东海,企图到海中仙山蓬莱山访求长生不老药。访药的方士往往一去不返,执迷不悟的秦始皇又在咸阳附近造人工湖,名曰兰池,兰池之侧,建造有供休息的兰池宫。湖中"筑土为蓬莱",山水宜人,秦皇常在此巡幸,乐而忘返。秦兰池宫秦末被项羽付之一炬,汉代在原址东南方

图4-10　汉"兰池宫当"瓦当(图片来源:文化艺术报)

重建兰池宫,西汉"兰池宫当"瓦当即发现于此。此瓦当面以单线十字分为四区,而不像常见文字瓦以双线十字加圆饼分四区,是西汉晚期的特征[10]。

"宫"字瓦当。"宫"字瓦当为汉代宫殿通用之瓦,由于宫殿不同,样式也有所区别。一般为"宫"字在当面圆心内,外周饰四朵云纹。周至县长杨宫

遗址和泾阳县都曾出土此类瓦当。长杨宫采集的"宫"字瓦当，直径15.5厘米，当面涂朱，宫字下有朱雀，颇为别致（图4-11）。

图4-11 汉"宫"字瓦当（图片来源：豆丁网）

"羽阳千岁"瓦当，直径16.5厘米。双线界格将当面分成四区，阳文篆书"羽阳千岁"四字分置其间，每区一字，当心内饰一突起大乳钉，书法线条坚挺，章法古朴，字体质朴遒美（图4-12）。

"黄山"瓦当，直径15厘米左右，陕西兴平出土，西汉黄山宫旧物。黄山宫为西汉惠帝二年（公元前193年）始建，以黄山宫为主体的黄山苑是上林苑中重要的狩猎区。张衡《西京赋》中说："上林禁苑，跨谷弥阜，东至鼎湖，邪界细柳，掩长杨而联五柞，绕黄山

图4-12 汉"羽阳千岁"瓦当（图片来源：豆丁网）

而款牛首，缭垣绵联，四百余里，植物斯生，动物斯止……"史书中也有武帝"西至黄山"的记载。清乾隆、嘉庆时著名学者、书法家记载说："黄山宫遗址在兴平西南三十里马嵬坡，士人往往于此得宫瓦，有'黄山'二字。"《金石萃编》中亦著录过此瓦。

②官署类：

"右将"瓦当，直径15厘米，西安汉城遗址出土。"右将"为右中郎将之省称，中郎将主宿卫之事。"右将"二字围绕瓦心安排，富有流动感，可见汉人自由之想象，不羁之匠心。《陕西金石志》还记有"左将"文字瓦。

"右空"瓦当直径18厘米，西安汉长安城遗址出土，为右司空官署用瓦。

司空是起源极早的官名,《尚书·周官》记载:"司空掌邦土,居四民,时地利",是掌管土地、水利和工程建设的官员。商周青铜器铭文屡见此官名,秦汉时因国家工程多用刑徒,故司空也兼管刑徒。《中国历代官制词典》"司空"一栏曰"汉前期不见司空职",从"右空"瓦当及汉武帝时霍去病墓大型石刻上"右司空"的刻铭看,此说未妥。

"右空"瓦,文字直读,边饰网纹,为汉瓦中仅见。后世有仿此形式,将"右空"换为"君子"二字,文字做作恶俗,全无汉人真朴古拙的气势,但其流行颇广。

汉瓦中并有"空"字瓦,当为司空省文,亦为司空官署用瓦。

"上林农官"瓦当,直径16.5厘米,据其字面便可解读为官署建筑用瓦。作为皇室园林的"上林苑",不仅只有供人休憩的园林、宫阙,还有农田和官署,上林农官即负责农田的官署(图4-13)。

"长水屯瓦",西安南郊出土,罗氏《秦汉瓦当文字》著录两件。此为长水校尉屯兵处所用之瓦。《汉书百官公卿表》记载:"长水校尉,掌长水宣曲胡骑"。瓦文上密下疏,随形变化,方圆相参。"水、屯、瓦"三字主笔下垂修美,而"长"字右下撇悠闲从容地向右边伸去,破除了其他三字主笔皆下垂可能造成的单调僵硬之感。"水"字分解为上部三条圆弧、下部三条略倾而长短不一的直线,均极为生动。

图4-13 汉 "上林农官"瓦当
（图片来源：豆丁网）

"卫"字瓦当(图4-14),直径多在14—16厘米,当面没有双线或单线作为界面分割,字体为篆书,布局设计自由,瓦当多涂朱砂或白垩。"卫"字瓦当在汉长安城遗址出土很多,集中出于汉城未央宫大殿遗址前永兴堡和淳化甘泉宫遗址。陈直先生以为未央宫卫尉官署所用之瓦。秦汉卫尉掌宫门屯卫之事，为九卿之一，秩中二千石。汉军制中央禁军分南北军，卫尉为南军统帅，其责任重大，深关皇帝的安全。故其瓦多涂朱砂或白垩，以示地位非同一般，因其醒目而便于人们随时报警，颜色特别，有类似今日消防警车用红色

图4-14 汉"卫"字瓦当（图片来源：豆丁网）

之意。汉城未央宫外，在淳化又发现五品"卫"瓦，有些学者因而怀疑"卫"瓦并非卫尉官署专用，否则汉长安城以外何以也有"卫"瓦出现，认为"卫"乃周卫宫室之意。实际西汉甘泉宫亦有卫士之设，当时甘泉宫是西汉皇帝最为重要的行宫之一，警卫机构自不能少。

"都司空瓦"，直径一般在17厘米左右（图4-15），西安汉城遗址出土。都司空，西汉为宗正属官。《汉书·官制》如淳注："《律》，司空主水及罪人。"《北山集古录》因惑于"水与罪人邈无关涉，（都司空）又何以兼主水也"。宗正在秦汉时为九卿之一，主皇家事务。其主要属官有宗正丞、都司空令、内官长及公主家令、门尉等，各有分工。秦汉之时都城周围为皇家苑囿，如上林苑，其中多河湖池沼，其修建开挖，工程浩大，多用刑徒，故都司空将水利及刑徒统一管理并不奇怪。

图4-15 汉"都司空瓦"字瓦当（图片来源：豆丁网）

③祠墓类：

汉代出土的祠墓类文字瓦当正是当时社会"事死如事生"丧葬礼仪的反

映,也是当时统治者的社会生活和社会地位在墓葬遗址中的折射。通过研读汉代祠墓之上的文字瓦当,能够解析古人的现实生活和精神世界。对死者埋葬的庄重形成了中国人特有的一套丧葬制度,无论是西汉帝王的陵园门阙、寝殿宗庙遗址,还是臣下子民的祠堂建筑遗址,都遗存了大量的祠墓类瓦当。其中用于皇家祠墓上的瓦当有"西庙""永承大灵""孝太后寝""长陵东当""长陵西当""长陵西神""高祖万世"等。

"长陵东当",面径15.5—18厘米,在陕西咸阳刘邦陵园东侧出土。当心圆内饰乳钉,外有联珠纹一周,当文四字篆法严谨,于规整中见灵秀,整体构图华丽丰满(图4-16)。

图4-16 汉 "长陵东当"瓦当(图片来源:豆丁网)

"长陵西当"瓦当圆形,直径14厘米,咸阳长陵出土。中心圆内连珠纹,圆外单栏四格界。篆书,四字分布在四格扇形空间,圆转自如,字体娟秀。此瓦为长陵陵邑建筑所用(图4-17)。

除皇家类祠墓外,普通人家也多有此类瓦当,但私家墓祠多称"冢",如"巨杨冢当""殷氏冢当""长生毋敬冢""冢"等。

"冢"瓦当,当面直径15.5、边轮宽1厘米。边轮内饰凸弦纹一周,当面中部为一方格,其内为一"冢"字。方格四角各伸出一条斜线,斜线末端为一圆形突起,斜线间饰云纹。此"冢"字瓦当,据陕西考古所简报记述,出土于陕西省

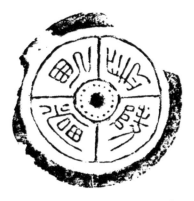

图4-17 汉 "长陵西当"瓦当(图片来源:豆丁网)

甘泉县西北部的太平梁等地区的一批古墓，为墓上建筑用瓦。

"巨杨冢当"瓦当（图4-18），直径16.6厘米，中心圆突，周围连珠纹，圆外双栏四格界。篆书，结体随缘就势，舒展大方，字体靠中心圆部分均依圆成弧形，婉转而不局促，益显峭拔。陕西凤翔采集，此瓦可能是姓杨的贵族大户或官宦大户私人建筑上的用瓦。"万岁冢当"瓦当，圆形，直径15.3厘米，中心圆突外双栏四格界，篆书，结体较方正，笔画方中见圆，利用扇形格的空间，使部首错落，如"岁"字，"山"字旁右移，以避让中心圆，采集于陕西省宝鸡市凤翔区东社村。

图4-18 汉"巨杨冢当"瓦当（图片来源：豆丁网）

"长主毋敬冢"瓦当，圆形，直径19.6厘米。边轮内有凸弦纹两周，中心圆外双栏四格界，篆书每区内各饰一字，"冢"字写在中心圆内，字体修长，盘曲自如，线条流畅，富有韵律。

另外还有"冢室当完""守祠堂当""盗瓦者死"等（图4-19）。"盗瓦者死"是汉代文字瓦当中极为罕见的题材内容，其书写笔法在隶书和篆书之间，运笔飘逸，堪称绝品。汉代由于神幻思想影响多厚葬，富裕人家陪葬品众多，也多引发盗墓事件。该瓦出土于东汉洛阳墓上祠堂，瓦当上文字意在警告盗墓者。

图4-19 汉"盗瓦者死"瓦当（图片来源：豆丁网）

④宅舍类：

汉文字瓦中，有一些仅及姓氏，如马、李、焦、陆、金、杨氏、爰氏等，直径一般在14—15厘米,总的说来小于一般的宫苑官署类瓦当,应为私家宅舍用瓦。有些姓氏后加吉祥之语,如"马氏万年""严氏富贵";还有"马氏殿当、"梁氏殿当、"吴氏舍当";和"杨羊富贵吉宜王兮""程氏富贵为天思福禄延年报子孙长宜官秩寿万年"。"黄金当璧之堂"辞意则更为华丽吉祥,班固《西都赋》有"裁金璧以饰珰"的说法可与之对应。此当文足见汉代达官贵人宅舍之奢华,这与汉初天子找不到四匹毛色一样的马的情况已大不相同,从中我们也能获悉西汉社会发展的几分信息。

"酒张"瓦当,私家用瓦,直径15.4厘米。无格界,字上下排列,敬书。"酒张"人名外号,同时包括了酒和姓氏两方面,应属西汉酤酒大户张氏店宅瓦当。此瓦种类稀少,出自陕西省华阴市红星村。

"马氏殿当"瓦当,圆形,直径15.1厘米,当面双栏四格界,每格一单线卷云纹,外周一圈网纹,网纹中对称排列"马氏殿当"四字,为汉长安城遗址出土。陕西省考古研究所现存一件,直径16厘米,其形制为当心有一大圆钮,其外分四格,各饰一组卷云纹,外缘施一周菱格网纹,网纹上下左右各有一字[11]。

"梁氏殿当"瓦当,中心圆双重弦纹,双栏四格界,四字呈十字状排列。隶书,结体疏放,略显稚拙,笔势雄劲,格调高古。汉代梁氏祠堂用瓦。

"吴氏舍当"瓦当,直径14.8厘米,中心圆突,外双栏四格界,字体略近隶书,结体稍扁。"氏"字反书,有人误释为"尹"字,汉代吴氏祠堂用瓦,陕西华阴碨峪乡出土。

⑤吉语类:

在当今可以见到的内容各不相同的三百多种文字瓦当中,吉语瓦当占到一大半。若以文字变化和存世数量论,吉语题材瓦当更占到各类文字瓦当的绝大多数。盛极两汉的文字瓦当内容丰富，辞藻华丽，给人一种极强的艺术享受，书写内容主要有"千秋""千秋万岁""千秋万世""以保长年""千秋万岁与天无极""千秋万岁与地毋极""无极""与天无极""长生无极""与地长久""长生未央""长乐未央""长乐万世""常乐万岁""乐未央""长乐未央延年永昌""宜富贵当千金""富贵万岁""富贵毋央""日乐富昌""亿年无疆""飞鸿延年"（图4-20）"永奉无疆""高安万世""青春万柞""大富""大吉""长乐富贵""寿老无极""与天久长""长生乐哉""黄阳万当""与地相长""遂阳富贵""未央利昌""四季平安""万岁未央""万岁万岁""安世万岁""安乐未央""安乐富贵""富昌未央""长生吉利""延寿长久""延年益寿"（图4-21）"亿年无疆""万岁黄堂""永承大灵""寿昌万万岁""当宜子孙""大贵富""千万世""宜富贵""大富吉""羊宜官""永受嘉福""天地相方与民世世永安中正""维天降灵延元万年天下康宁""大乐思富"文字瓦当等。

图4-20 汉 飞鸿延年瓦当拓本 清拓（图片来源：北京大学图书馆）　　图4-21 汉 "延年益寿"瓦当（图片来源：《中国书法》杂志，拾华堂藏）

"千秋万岁"瓦当是汉代吉语瓦当中分布地区较广，使用时间较长的瓦当，如汉代京畿以外的辽宁亦有发现。"千秋万岁"瓦当版式极多，往往篆法精纯,"千"字虽在四字中笔画最简,但汉代无名工匠往往巧加变化,有的如仙鹤凌空欲飞,姿态分外生动。在考察的几十种"千秋万岁"瓦中,只有个别瓦当中央圆饼周饰联珠,总的说来,这类瓦当西汉中期使用更多些。华仓曾出土一品"千秋万岁",边轮残,直径17厘米,当面施红彩,"千"字变形为一"鸟",书写灵飞奇诡,为汉瓦文字中罕见逸品。另外"千秋万岁"系统中的"千秋万岁与地毋极"和"千秋万岁与天无极"亦为汉瓦中不可多得的佳作。图4-22和图4-23即为两种不同书写风格的"千秋万岁"瓦当。

图4-22 汉"千秋万岁"瓦当(图片来源:山东省中国古代建筑研究基地) 图4-23 汉"千秋万岁"瓦当(图片来源:山东省中国古代建筑研究基地)

"长乐未央"瓦当同"千秋万岁"瓦当一样有极其美好的寓意,也是西汉主流文字瓦当之一,应用范围较广,既存在于宫殿庙宇、帝陵等高级别官式建筑,亦出现于普通民间建筑。其当面纹饰布局多具有规律性,一般用双线或单线把当面四等分,文字均匀分布于四个扇形区域,文字排列方式多样化,既有竖向排列方式,又

图4-24 汉代"长乐未央"瓦当(图片来源:山东省中国古代建筑研究基地)

有随圆形旋转的排列方式。图4-24和图4-25即为两种不同书写风格的"长乐未央"。汉代"长乐未央"瓦当直径一般在14—18厘米之间，陕西省历史博物馆收藏的"长乐未央"瓦当最大直径应为22.5厘米，图4-24瓦当直径尺寸为21.5厘米，若从尺寸上推断，该瓦应为西汉宫殿用瓦。

"长生无极"瓦当普遍见于汉长安城宫殿基址及西汉中晚期帝陵陵园建筑遗址，与"长乐未央"均为存世较多的西汉文字瓦当。"长生无极"四个字据考证应从"长生未央"和"与天无极"两瓦文字中各取两字综合而来，年代自应略晚于后二者。"长生无极"瓦当多在乳钉四周环饰联珠，显示出西汉中期偏晚及晚期特点（图4-25，直径18厘米）。

图4-25　汉"长乐未央"瓦当和"长生无极"瓦当（图片来源：山东省中国古代建筑研究基地）

"延年益寿"瓦当多见于汉城内宫殿遗址，流行于西汉中期，数量远较前述诸瓦为少。"延年益寿"门类的瓦当约有十种，其中"飞鸿延年""延寿长相思""延寿长久"都是汉瓦中的精品。延年益寿是人们与生俱来的美好愿望，《尚书·洪范》早把"寿"列为五福之首。

⑥其他类：

指不好归于前举各类的瓦当，如"天齐""王者所当""什肆厕当""以为良

人有以"等。其中"天齐"瓦当因其年代有争议,所以显得比较特殊一些,有
学者认为是战国中的齐国瓦当,即为最早的文字瓦当,但并没有足够的史料
支撑,所以主流学者认为"天齐"瓦当应归睛西汉时期。《史记》"齐所以为齐,
以天齐也","天齐"瓦当直径一般在14-15厘米,山东临淄出土,见著录于罗
振玉《秦汉瓦当文字》、关野雄《中国考古学研究》、日本《书道全集》和《齐故
城瓦当》等。

2.文字瓦当的时代魅力

汉代的文字瓦当把瓦当的发展推向了鼎盛时期,出现了篆书、隶书等字
体纹饰,这些瓦当文字排列和谐均匀,布局讲究,显示出汉代质朴浑厚的美
学风格,文辞多为祈福的吉语,其艺术观赏性达到了瓦当自身发展的巅峰,
造就了中华民族独有的瓦当书法艺术,是华夏文明宝库中一颗璀璨的明珠。
瓦当中的文字信息是包含政治、文化、美学的综合信息载体,是解读历代历
史的客观物证,也是文字演变脉络和金石学相关研究的重要资料和依据。
文字瓦当的文字内容及字体不仅契合于建筑的功能属性,也随时间的发展
而变化,不同历史时期其文字内容和字体风格迥异。西汉中早期文字瓦当
大多应用于皇宫帝陵等高级别建筑,文字题材众多,字体表现多元,字体以
小篆为主;至西汉中后期,文字瓦当应用不再限定于皇宫帝陵,也出现在官
署建筑和普通民间建筑屋顶,这时期文字字体逐渐由多篆书演变为多隶书,
书写结构也较早期更加自由。文字瓦当兴盛于西汉,东汉时期逐渐减少,至
魏晋时期几乎绝迹,唐代仅有个例出现,民国时期也偶见出现。

秦代李斯创立小篆,统一中国文字以后,篆书广泛运用成为官方的代表
性字体。郭沫若《古代文字之辩证的发展》中释曰:"篆者掾也,掾者官也。"
即是说,所谓篆书,专指秦代官书、官方使用的正统书体。西汉建立后承袭

秦代文字制度，篆书是官方的代表性字体，所以文字瓦当中篆书数量较多并且广泛用于宫殿建筑之上。篆书的线条可塑性较强，具有书法美与很强的装饰性，工匠运用流畅的线条使文字与圆形当面更加契合，刚柔并济，曲直相交，有虚有实，阴阳互映。如"蕲年宫当"与"来谷宫当"文字线条圆润，结构宽大舒展，给人以秀丽飘逸的美感。文字相同的瓦当表现手法多种多样，例如变化较多的"千秋万岁"瓦当，有的使用简单利落的笔画勾勒出文字，画面刚劲有力；有的则将文字笔画做特殊处理，"千"字线条弯曲缠绕像一只展开翅膀的鸟，画面别有一番风味；有的则使用双钩的处理手法，别有一番韵味。

文字瓦当以其强烈的时代精神和独特的艺术魅力，超越了建筑材料的物质属性，获得了永恒的生命，其字体的变化也源于不同的时间和内容。西汉早期官府所属的建筑陶器机构制作的瓦当以小篆为主，如"宗正官当""兰池官当"。汉武帝时期的篆书字体逐渐宽博，取纵横之势，融合了隶书的一些特点，部分文字的部首简化，以"屯泽流池""加气始降"为代表。王莽时期瓦当也使用篆书作为装饰，但是用笔方折，不够流动圆转，这一时期以"永寿无疆""亿年无疆"为代表。宫殿瓦当使用篆书较多，这给篆书的装饰性变化提供了发展的空间，在现有出土的篆书类瓦当中，线条和谐匀称是它的主要特征，运用线条的伸缩与笔画的位移布局，当面布白更加和谐，同时又不呆板，具有变化无穷的韵律。根据字数的多少，对笔画的繁简精心布置，有的流畅洒脱，错落有致，有的凌厉刚健。它的结体与布局是独一无二的，其线条的曲直、笔画的形势都具有特殊的韵味，篆书与瓦当的完美结合无疑是书法史上的重大创举，为书法美增添了新的形式。总而言之，汉代瓦当中篆书的特点是显而易见的，它线条的韵律更加丰富，线条的运动节奏由静态变为动态,由单纯向富有变化转变;在章法上因材质、形状、大小的变化发生改变,使整个画面布白更加协调,篆书的应用更趋向于装饰性。瓦当上的文字设计为汉代书法提供了充分展示的舞台,而书法的灵动、飘逸、多变又反作用于瓦当的发展,可以说文字瓦当的出现将瓦当艺术的发展推向了高潮。

两汉时期,隶书得到了广泛的推广与应用,被视为中国文字发展史上的里程碑,更被看作翻开了书法流派蓬勃创新发展的新篇章。汉代是书法由篆书向隶书转变的时期,文字瓦当早期隶书出现较少,西汉中晚期或东汉中早期,部分瓦当的文字中可以看见隶书的影子,如"盗瓦者死"文字瓦当,可以窥见汉字隶变的重要过程。瓦当中隶书的变化过程有三个时期:一是武帝时期。这一时期的石刻中有"左司空"三字是使用篆书书写,"平原乐陵宿伯牙霍巨益"石刻则使用的隶书,由此可以看出篆书和隶书在当时是并用的。如"右空""都司瓦"都与"左司空"石刻有相似之处。在武帝茂陵出土的"屯泽流池""流远屯美"等瓦,其字形结构处于篆书与隶书之间,有的部首已趋于简化,这也正是隶书在瓦当文字中的反映。第二时期则是新莽、东汉光武帝到明帝时期。这一时期的文字瓦当如"长乐未央""千秋万岁"等,文字的结构已经开始发生变化,"长"与"岁"已有汉隶意味。明帝至汉末为第三时期,这一时期隶书的演变已经完成,隶书已经有了自己的体系。隶书至东汉明帝时已规范化,以方笔作横势字体,线条有粗细变化,蚕头蛇尾,波折明显。

文字瓦当是研究汉代书法中字体演变的绝好物证,如隶书的演变过程,即篆书向隶书的演变,在文字瓦当的发展史上便充分展现出来。汉代通行的字体是隶书,它继承了秦代的隶法,同时又加以转变,加强了字体方折的变化。统治者对于书法极为重视，人们可以通过"善书"入仕，因此加速了隶书兴盛的速度。由此我们可以从汉字字体线条与结构的变化来看隶变，从瓦当文字中我们发现字体线条的形态由原来弯曲的状态逐渐变为平直方正，而它的字形笔画也更加简练，字形结构由纵向取势变为横向取势，字形逐渐扁方。西汉是隶变的冲刺阶段，东汉时期则完成了隶变这一重大的书法历史进程。从瓦当文字的内容与形式的变迁，可以看出汉代汉字形体由篆体的最后解体到隶体的兴起的变迁过程。

鸟虫篆是一种在汉字篆书中加入装饰性的鸟形、虫形等动物纹装饰，或是将篆书笔画盘曲缠绕使之如抽象的动物形象而形成的一种美术化的篆书字体（图4-26）。马国权先生在《缪篆及其形体初探》一文中指出："形体屈曲填满，而线条平直的是缪篆。"虽然这句话主要是就印玺而言，但对于瓦当上同类书体的认识也具有参考价值。同时瓦文中的鸟虫篆与春秋以来青铜器和兵器上的鸟虫篆是一脉相承的，如"千秋万岁"瓦当等。

图4-26　鸟虫篆瓦当（图片来源于网络）

秦八体中的"虫书"，即新莽时期六体中的"鸟虫书，所以书幡信也"。瓦当中使用的文字完全是鸟虫书的，如"永寿嘉福"瓦当，此瓦当采集于陕西省咸阳市秦都区乌庄。瓦当当面十字线垂直相交于当心，将当面均匀分为四个扇形，扇形区间为阳文，篆书书写"永寿嘉福"四字，是汉代的通用吉语。四个字的线条笔画像藤蔓一样盘曲在当面上，整个当面文字布局较满，笔画秀丽华美,装饰性较强,可以说是文字瓦当中的精品。

"千秋万岁"瓦当的文字变化较多,当面文字有篆书与鸟虫篆,也有处于篆隶之间的文字。同样是用鸟虫篆作装饰文字,也有着不同的效果。如"千秋万岁"瓦当与"千秋"瓦当,"千秋万岁"瓦当当面中心装饰乳钉纹,双线把当面均匀区划为四块区域,每块区域刻画一字,布局严谨但字体飘逸多变,体现出灵动美和缜密布局设计的完美交融。"千秋"两字蜿蜒转折,其形态设计似鸟似虫,独具美感,线条的交错透迤间尽显书法之美。

文字瓦当所展现的丰富多彩的书法艺术,不仅给人以美的愉悦,同时也是中国书法艺术脉络演变传承研究中的重要组成部分,并有承上启下的桥梁作用。文字瓦当中的书法继承和展示了秦代书法中的精髓,并为后世书法艺术发展夯实了基础。文字瓦当正因为所展现的书法艺术之美、所蕴含的文化价值多受到书法艺术家、建筑学者和瓦当收藏者的追捧。

六、独有千古的"四神"瓦当

瓦当文化是历朝历代政治、经济、文化、艺术以及宗教信仰、伦理道德等诸多方面的一个代表符号,而瓦当也超越出建筑物附属品的地位,成为独具一格的艺术品。汉代的"四神"瓦当便是瓦当艺术品中的精品,在瓦当发展史上可谓独领风骚,其纹饰构图饱满丰盈、线条流畅自然,图像灵动轻盈,并饱含了汉代世人朴素的哲学观和建筑风水学中的方位及择址理念,其艺术价值和受后人追捧程度齐肩于文字瓦当,"四神"瓦当的出现与文字瓦当的流行共同成为了瓦当艺术第二个高峰时期的标志。

"四神"即中国古代的四种神灵,在《三辅黄图》卷三中有相关记载:"青龙、白虎、朱雀、玄武,天之四灵,以正四方。"这四种神兽是中国古代宇宙观的体现,也是中国古代人奇思妙想和情感寄托的表现。几千年前,由于时代的认知观和科学发展水平的局限性,人们对如雷雨闪电等诸多自然现象不理解,以为一些自然现象是"神兽"在作怪,心中产生对"神兽"的崇拜,一些部落奉"神兽"为图腾。至战国时期,已经有了关于四神的明确记载,人们把天空四方的星宿组成东方青龙、南方朱雀、西方白虎、北方玄武,以后作为地域方位概念。到汉代,人们更深信四神与天地万物、阴阳五行关系密切,有保佑天地四方的神力,同时四神也被视为武力的象征,故此,新朝的王莽特以"四神"瓦当装饰宗庙,宗庙建筑群不同方位的门楼铺设不同纹饰的"四神"瓦当,如南门楼铺设朱雀瓦当,北门楼铺设玄武瓦当,东门楼铺设青龙瓦当,西门楼铺设白虎瓦当,希望以此驱邪镇国,保佑宗庙与江山社稷永固。

四神兽不仅运用于古代建筑的瓦当上,在古代都城规划中也屡屡见其称谓,这一点在唐代长安城中就有所体现(图4-27),长安城北设有玄武门,南设朱雀门和朱雀街,就是与四神的方位概念有关。再如三国时期的曹魏邺城西方设有金虎台,南方有凤阳门。这些都与四神的方位有关,东方谓之青龙、西方谓之白虎、南方谓之朱雀、北方谓之玄武,分别驻守于东、西、南、北不同方位,代表着东、西、南、北四方,也可代表着春(青龙)、夏(玄武)、秋(白虎)、冬(玄武)四季和青(青龙)、白(白虎)、赤(玄武)、黑(玄武)四色,古人认为"四神"是吉祥的象征,也是古人祈福求安的神灵寄托,至今在一些农村结婚的传统风俗里,在宅门左(东)侧贴"青龙"两字或画、右(西)侧贴"白虎"两字或画,即传统风俗里的"左青龙、右白虎",这同样也是一种质朴的祈福保平安的精神寄托表现。

青龙纹瓦当(图4-28),直径18.6厘米,边轮宽2厘米,构图雄浑饱满。龙口微张,身躯精健,龙体盘曲,遒劲有力,动感十足有腾飞之势,加之龙的

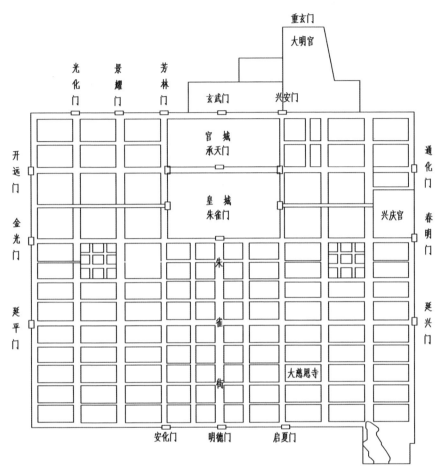

图 4-27 唐长安城平面图（图片来源：张晴晴绘制）

宽厚高挺的胸躯，锐利前伸的四爪，以及高举冲天的龙尾，更显得神态轩昂，气宇非凡，大有叱咤风雨、扭转乾坤的威力[12]。

龙居于四神之首，代表着东方，在封建社会是皇权的象征，也是神灵和权威的象征，它作为阴阳四象中的形象之一，来自于中国道教，象征东方天上二十七星。自古以来，龙的

图 4-28 汉"青龙"瓦当（图片来源于网络）

各种形象都是非常威武的,麒麟首,蛇身,鲤鱼尾,有着鹿的角和长须,集齐了所有古代中国灵性之代表的各种形象。从商周青铜器,到以后历代的金银、玉、瓷器,广泛采用龙纹装饰,如夔龙、飞龙、云龙、走龙等。

虎纹瓦当(图4-29),直径19厘米,边轮宽2.1厘米。虎态威武雄健,虎口微张,露锯形利齿,身躯位居瓦当圆心,呈向外迸发的趋势。虎尾呈"S"形,卷曲向上,线条优美、饱满又尽显活力,既彰显了虎本身的高傲精神气魄,又填补了当面空间,谐调了画面。虎的四腿伸张有力,给人以奔跑咆哮之感。虎身通体刻有条纹,随着观者视线转侧,似觉猛虎斑毛波动,欲跃出瓦面。

白虎在古代也象征着威严气氛和军权,所以古时很多以白虎冠名的地方都与兵家之事有关,例如古代军队里的白虎旗和兵符上的白虎像。白虎刻像亦多出现在汉代画像上,与青龙画像刻在墓室的过梁两侧,用以辟邪。《风俗通义》云,"虎者,阳物,百兽之长也,能执搏挫锐,噬食鬼魅。"在汉代五行观念中,白虎被视作西方神兽。

图4-29 汉"白虎"瓦当(图片来源于网络)

朱雀纹瓦当(图4-30),直径18.8厘米,边轮宽2厘米。朱雀和龙一样,都是古人臆想的吉祥神兽,带有浓重的浪漫主义色彩。此瓦中,朱雀口衔宝珠,昂首翘尾,翅膀腾起作一跃升空之势,灵动有趣,面情严肃,更显得威武鸷猛。尾巴卷翘上扬,与翅膀前后叠加,构图饱满、和谐、优美,整体尽显神秘氛围。

朱雀作为神话中的南方神灵,是道教中象征着南方的七宿星君四象之一。其形象在《道门通教必用集》卷七中有所提及:"南方朱雀,从禽之长,丹穴化生,碧雷流响,奇彩五色,神仪六象,来导吾前。"在古代被崇尊为鸟中之王,是祥瑞的象征。它最初极有可能被用来作为古代商族中各部落所进行崇拜的一个图腾,传说中朱雀和龙象征着古代天下太平。

图4-30 汉"朱雀"瓦当(图片来源于网络)

玄武瓦当(图4-31),直径18.5厘米,边轮宽2.1厘米。它的形象为龟蛇结合体。瓦面上龟作爬伏之态,蛇弯曲盘绕龟身。生性呆笨的龟和敏捷灵活的蛇融洽契合,形成强烈反差,形象本身就极具趣味,使得圆形空间里错落有致,圆中透方,紧凑的同时又不显呆滞,凝重沉稳中又显出活跃的氛围。

图4-31 汉"玄武"瓦当(图片来源于网络)

玄武作为道教四象十八星宿中象征北方的四大神兽之一,同样也是来自于中国道教。《楚辞远游》注云:"玄武,北方神名。"玄武位于天空大道中的北方,属性为水,颜色自然是龟的玄色。《关中记》:"东有苍龙阙,北有玄武阙。"知此种瓦当,除在建筑物上表示方向外,还为玄武阙所用。玄武,也被当时人们广泛称之为中国真武,俗称又被人叫作中国真武大帝。

"四神"瓦当，在纹饰内容上互为联系，在纹饰设计上互为映衬。它虽然根源于玄学，但却开出灿烂的艺术鲜花，它非单纯抽象思维的表达，而是运用人类特有的审美活动中的形象思维，以审美感知为起点，在对自然界的长期观察中，综合现实生活中某些飞禽兽类的特点，创造出的生动感人的艺术典型。如青龙纹饰瓦当，具有鸟、鹤、鱼、蛇的特点；而朱雀纹饰瓦当，带着孔雀、鸡、鸟的影迹。"四神"瓦当纹饰是表现和再表现，抽象和具体的高度统一，本来现实生活中不存在的物象，通过艺术加工，不但不使人感到荒诞离奇，反而感到它们充满生命活力和雄健之美，比真实的更凝练、更集中，更富有艺术性。

汉代"四神"瓦当存在的价值，不仅在于其装饰价值和美学价值，更多的在于其饱含的深厚的民族文化、质朴的建筑风水学理念与探索未知的精神内涵。"四神"瓦当既有形式上的装饰美化表现，又有内容上的内涵意义，展示出汉代民族的审美情趣和艺术隽永魅力，记录下两千多年前中国建筑文化绚丽的一页，映射出时代的精神和艺术的光辉。

七、秦汉瓦当的主要特征

秦汉瓦当的第一个特征是规制化和统一化。首先是形制的规制化，由半圆形瓦当逐渐过渡到圆形瓦当。其次是纹饰的统一，先秦瓦当纹饰布局百花齐放，各有千秋，但自秦代建立了大一统的封建王朝和西汉的"废黜百家、独尊儒术"以来，其纹饰题材逐渐集中到云纹瓦当和汉字瓦当两大类。再次是纹饰布局的理性化与统一化，先秦的瓦当纹饰布局多感性，呈多元化，但秦汉尤其是汉代瓦当的纹饰布局趋于理性、中心多有乳钉，且当面多由双线分为等面积的四个扇形区域，体现出纹饰布局的严谨和统一。

第二个特征是瓦当艺术的发展进入到全盛阶段,这得益于璀璨夺目、千变万化的文字瓦当的独领风骚,及独有千古的"四神"瓦当的卓然风采。文字瓦当的璀璨不仅在于其书法的艺术性,还有重要的史料价值和断代价值,是判断遗址建筑物的年代,及印证、确定或补充秦汉宫苑寝殿的名称与位置的重要依据。西汉很多文字瓦当内容是官署、宫殿、帝陵等建筑物的名称,正因为如此,西汉的"京师仓当"瓦当的出土,坐实了今陕西省华阴市灌北和渭口之间,曾经是西汉时期"京师仓"的所在地。陕西省咸阳"长陵东当"瓦当的出土,为确定汉长陵位置提供了依据。"兰池宫当"瓦当可为书中记载的秦始皇在兰池宫遇到强盗的地点提供确切位置。诸如此类,汉代的文字瓦当在历史文化及社会史实研究方面功不可没,所以有人称汉代的文字瓦当是艺术和历史相结合的瑰宝。西汉文字瓦当的出现和"四神"瓦当的出现便当仁不让地成为了瓦当发展的第二个高峰时期的标志。

八、本章小结

秦汉时期国家的统一富强,生产力的进步,使建筑在历史上出现了第一次发展高潮,而瓦当作为建筑的组成部分伴随着秦汉文明的高度繁荣而绚烂多彩。秦汉瓦当艺术是集艺术性与历史性于一体的文化结晶,不仅体现在纹饰的对称结构,更表现在形制的圆满充实方面。秦汉瓦当的精美造型反映了当时的工艺水平,更体现了时代的民族精神。秦汉瓦当的装饰艺术随着工艺水平的变化而变化,从最初的"写实"逐渐演变为"取意",由起初的"具象"转变成最终的"意象",由想象创作转为对现实生活中具体形象的提取和概括,这种意识形态的变化,表现了人们在各种因素影响下的思维模式转变的心理过程。这些根据人们内心对于吉祥的需求而塑造出来的形象,体现了人们对于大自然的向往和万物统一的祈愿。无论是秦朝的云纹瓦当还是汉代的文字瓦当，其中都蕴含了美好吉祥的寓意，使人们心往神弛。秦汉时期作为瓦当发展史上最璀璨繁盛的时期，成就了瓦当在美学艺术中的辉煌成就，其瓦当的美学特征以及装饰艺术性在璀璨辉煌的瓦当艺术长河中产生了深远的影响。

第五章

动荡不安——
魏晋南北朝时期的瓦当

第五章　动荡不安——魏晋南北朝时期的瓦当

一、概述

"南朝四百八十寺，多少楼台烟雨中。"魏晋南北朝又称三国两晋南北朝，是中国历史上政权更迭最频繁的时期，这段时期里政治动荡、战争频繁，佛教文化广为传播，佛教建筑在统治者的支持下开始大规模建设，《南史·郭祖深传》说："时帝大弘释典，将以易俗，故祖深尤言其事，条以为：都下佛寺五百余所，穷极宏丽，僧尼十余万，资产丰沃，所在郡县，不可胜言。"同时适宜于佛教经义的佛教思想也渗透到社会的各个层面，佛教的独立地位连同它深入人心的精神理念一并如日中天，促成了佛教在我国的第一次大繁荣，在艺术层面体现在佛教绘画、佛教雕塑和佛教建筑的突然增多，具体到瓦当纹饰上表现为代表佛教圣洁的莲花纹与彰显佛教威严的兽面纹的大范围盛行。

随着佛教建筑盛行，自3世纪初形成的魏、蜀、吴三国鼎立到6世纪末的北周灭陈近四百年中，汉晋文明、胡族文明和外来文明在此相互碰撞、交融，形成了极具特色的三国两晋南北朝文化。连年战乱使人民饱受战争之苦，但也推动了文化的传播、交融与碰撞，不同的地域文化和宗教思想冲击并影响着瓦当的形制和纹样，有些地区有着鲜明的地域特色，如六朝时期东吴别具一格的人面纹瓦当、曹魏时期形制特殊的锯齿云纹瓦当等，刷新了此前传统的瓦当的纹饰风貌。

二、魏晋南北朝瓦当发展的背景

（一）建筑视角的背景

魏晋南北朝期间，由于佛教的广泛传播及统治者的支持，该时期佛教建筑盛行，同时大量石窟开凿，云冈石窟、敦煌莫高窟、龙门石窟、天龙山石窟都是这一时期的建筑，而佛教建筑的兴起也促进了佛教题材的莲花纹瓦当的出现、发展与演变。

魏晋南北朝三百余年间，中国建筑形制结构发生了一定的演化，特别在进入南北朝以后变化更为明显，建筑结构方面逐渐由以土墙和土墩台为主要承重部分的土木混合结构向全木结构发展，大量木塔的建造，显示了木结构技术的提高；在建筑材料方面，砖瓦的产量和质量有所提高，砖石结构有了长足的进步，可建高数十米的塔，同时，瓦作技术提升，琉璃瓦在南北朝开始出现，但由于烧制琉璃瓦的工艺并不成熟，所以只用在了个别高等级的寺庙建筑上，釉色也仅为绿色。南北朝琉璃瓦的出现在中国古代建筑发展上具有里程碑式的意义，为元明清皇家建筑琉璃瓦的广泛应用奠定了前期基础。南北朝建筑技术及艺术则在原有的基础上进一步发展，楼阁式建筑相当普遍,斗拱额上施一斗三升拱,拱端有卷杀,柱头补间铺作人字拱,其中人字拱的形象也由起初的生硬平直发展到后来优美的曲脚人字拱;正脊与鸱尾衔接成柔和的曲线,出檐逐渐深远,给人以庄重而柔丽的浑然一体之感,建筑风格由前代的古拙、强直、端庄、严肃、以直线为主的汉风,向流丽、豪放、遒劲活泼、多用曲线的唐风过渡。南北朝时期盛行的莲花瓦当纹饰线条相对于秦汉时期盛行的云纹、葵纹等纹饰的古拙、简洁、单一、平面化,整体上趋向飘逸、圆润、繁杂化、多样化、浮雕化,这与秦汉建筑形制的演变不无关系,也就是说,南北朝时期建筑曲线造型的演变与此时期瓦当纹饰线条呈现出的流畅性为同时空的演变历程。

(二)政治经济文化视角的背景

1.政治方面的影响

魏晋南北朝时期,战乱不堪的社会现实导致民不聊生,佛教所宣传的"生死轮回""因果报应"等思想,对于社会稳定和民心安抚起了平抑作用。人们也期望从佛教中求得寄托,开始纷纷信仰佛教,佛教文化在众多文化中逐渐占据了主导地位;为安抚民心和稳定政治,当朝统治者开始大力扶植佛教并兴建佛教建筑,为佛教题材的瓦当兴盛提供了政治及社会基础。

2.经济发展的促进作用

秦汉时期,南北方经济发展差距很大。到魏晋南北朝时期,由于大规模的战乱多发生在北方并且时间持续很长,北方经济遭到严重破坏,而南方则相对稳定,导致北方人口大量南迁,充实了江南地区的劳动力,带去了先进的生产技术,政治中心的南移对经济中心的南移也有重要影响。"永嘉南渡"不仅是北方百姓的南移,北方的士族大姓,甚至是晋朝政府的南移,为江南的发展带去了大批人才。为了重建家园、求得安定的生活，人们有着强烈的经济开发愿望。南方政权的一些统治者推行劝课农桑、奖励耕织、安抚流民、兴修水利等有利于农业发展的政策。加上南方优越的地理位置和自然环境，蕴含了发展农耕经济的巨大潜力，南方经济得到迅速发展，这样南北经济开始趋于平衡。同时佛教的传播给予渴望安定生活的人们心灵上的寄托，多个民族在交流佛学的过程中，一定程度上也促进了农耕文明与游牧文明的交融。魏晋南北朝时期各民族之间的联系密切，各族相互学习，取长补短，促进了经济的恢复和发展，同时经济的发展为寺庙大规模的营建和瓦当艺术的发展奠定了物质经济基础。

3.文化发展的促进作用

魏晋南北朝文化是我国传统文化历史长河中一个十分重要的组成部分，是富有时代特色和地域特色的文化，是介于汉唐之际最为活跃、最有生气，并具有鲜明的兼容性的多元文化。南北朝时期的文学发展迅速，其中南朝风格偏向华丽纤巧，而北朝风格偏向豪放粗犷，这种南北各异的文艺思潮也影响到了建筑及作为建筑构件的瓦当的纹饰风貌，同时瓦当也为这种文艺思潮提供了得以表现的信息物质载体。

佛教传入中国后快速发展，在南北方经济政治中扮演重要角色，以至于文学艺术的各个领域，也都打上了佛教影响的烙印。随着佛教的传播与净土莲宗的建立和发展，魏晋南北朝时期对莲花的崇拜形式及内容日益丰富多彩，佛教把莲花的自然属性与佛教的教义、规则、戒律相类比美化，逐渐形成了对莲花的完美崇拜，佛教在很多地方都是以莲为代表，可以说莲即是佛，佛即是莲，因此南北朝时期，自南方兴起的莲花纹瓦当在北方地区逐渐取代云纹瓦当、文字纹瓦当，成为了主流。

三、三国两晋割据下的"兽面纹"

兽面纹样作为装饰在我国源远流长、使用广泛,而兽面作为瓦当的主题纹饰,最早出现于东晋,也有学者认为出现在战国时期,其依据是燕国的饕餮纹半瓦当,但魏晋南北朝时期的兽面纹与战国时期的饕餮纹饰宗源不同,出现的背景也不尽相同,所以主流学者一般认为兽面纹瓦当应产生于东晋,本书也借鉴这一观点。魏晋南北朝出土的兽面纹瓦当有着明显的地域性特征,南方的兽面纹瓦当一般出土于六朝中、晚期地层内,大约相当于东晋到南朝时期,其外形特征为高边轮,当面明显低于边轮,多以凸起的线条勾勒兽面纹,兽面变化比较多,有的有上宽下窄的脸形轮廓线,有的没有轮廓线[13];双目一般作斜立的水滴形,眼有双线或单线边框,也有的没有边框;鼻梁短而凸起,位处双眉正中,大口张开,露出獠牙,神情颇为狰恶;北朝风格也较为突出,如北魏永宁寺出的兽面瓦当,体形硕大,眉毛抽象为宽厚的柳叶状上扬,额头多横纹,眼珠突出,整体造型浑厚有力。兽面纹瓦当是北魏洛阳城极为重要的一种瓦当类型,但经过整理研究,目前仅见于太极殿、阊阖门、一号房址和永宁寺等遗址中。这些遗址都是北魏洛阳宫城和内城中最为重要的皇家建筑。因此初步认为,兽面纹瓦当在北魏洛阳城的各类建筑中,在一定程度上代表了北魏皇家建筑的最高等级。在兽面纹瓦当中,北朝青州出土的兽面瓦当也独具特色,其兽面夸张,多高浮雕,额头生有竖长的兽角,有夸张的大嘴似乎要吞噬一切,让人望而生畏。南朝的兽面纹多显单薄,以细线条刻画为主,北朝的兽面纹多浑厚,多高浮雕,立体效果明显。

兽面纹瓦当最初用于寺庙,逐渐用于其他建筑对屋檐进行装饰,其意可能与"辟邪"观念有关，正如《颜氏家训·风操》所说："画瓦书符，作诸厌胜。"在河南洛阳、江苏南京、山东青州、内蒙古呼和浩特、山西大同、吉林集安等地都有发现兽面纹瓦当。这一时期的兽面纹瓦当一般是边轮较窄，当面较平，或无边轮，较细的线条勾勒出鼓目呲牙的兽面形象，略显抽象，图案化趋向较强。这个时期的当面一般认为是虎面或者狮面的抽象变形。虎面对应的形式特征是圆形眼睛；狮面对应的特征是三角形眼，但也可笼统称之为兽面瓦当。对于大部分的兽面纹而言，很难分辨其具体所表现的兽的种类，而东晋时期的兽面明显为虎面，这个时期的兽面纹瓦当基本出土于都城宫殿建筑遗址。兽面双目睁圆，双眉弯曲上扬，鼻孔显露，须上翘。阔口怒张，以六齿和八齿居多，上下齿左右各有獠牙，口中有舌，纹饰清晰规整。

从东晋开始，以莲花和兽面为主题图案的瓦当开始逐渐盛行。与莲花瓦当类似，兽面瓦当的出现，也与当时佛教盛行密切相关，世人追捧佛教需要一种物质来传递佛教的威严与地位，狰狞的兽面瓦当恰恰符合了这一需要。北朝兽面瓦当亦是如此，纹饰凶狠异常，当朝统治阶级利用兽面瓦当在精神意识层面的压迫来强化佛教的统治地位。在青州地区出土的兽面瓦当属于比较特殊的版别，在瓦当史上占有重要的地位，有着极其鲜明的地域特色和清晰的时代辨识度。青州自北魏到唐代是中原地区的佛教圣地之一，青州龙兴寺便是一处始建于北魏时期、延续千余年的著名佛教寺院，以龙兴寺为首的众多佛教寺院遗址，出土了大量北朝到北宋时期制作精良的佛造像和形态各异的兽面纹瓦当。青州兽面瓦当大多当面厚重，直径尺寸在12—16厘米之间，胎质普遍紧密，烧制温度高于普通的灰瓦，制作工艺精良，多为高浮雕，有的高出当面5厘米，其形态大多有夸张的大嘴和长长的竖向兽角。瓦当上施银粉薄釉的工艺也是青州兽面瓦当的鲜明特征，目前仅见

于青州地区的兽面瓦当。同
时,青州北朝时期遗留的绿
釉兽面琉璃瓦当是中国目前
发现最早的琉璃瓦当,至今
很多学者和关于瓦当的书籍
仍认为中国的琉璃瓦最早出
现在唐代,这种观点把琉璃
瓦的出现推迟了200余年,
是错误的。图5-1即为青州

图5-1 北朝 兽面纹琉璃瓦当(图片来源:山东
省中国古代建筑研究基地)

出土的中国最早的绿釉兽面纹琉璃瓦当的同批次残件,残留部分为竖向兽
角底部,眉毛、眉弓、眼睛和鼻子完整,釉面为绿色,做工较为精致。

图5-2和图5-3兽面瓦当均为青州北朝时期兽面瓦当,图5-2兽面瓦当
整体浑厚,高浮雕,头长两个短角,眉须清晰可见,额间有一"宝珠",嘴大但
紧闭,鬓须外翻呈卷曲状,通体施银粉薄釉。图5-3兽面瓦当头上生有两个

图5-2 北朝 银粉兽面纹瓦当(图片来
源:窦欣伟)

图5-3 北朝 兽面纹瓦当(图片来源:
山东省中国古代建筑研究基地)

长长的竖角,兽面同为高浮雕,粗眉凸目,有着夸张的大嘴,鬃须翻卷成团,面目狰狞,透出一种凶猛之感。

四、南北朝佛教中的"莲花纹"

在佛教艺术中,莲花代表"净土",寓意吉祥,象征"自性清净"。从南北朝早期开始,莲花就随着佛教思想的传播和佛教中国化的过程逐渐与人们的日常生活相结合,莲花图案出现在当时人们生活的各个方面,小到日用器皿,大到佛堂供器,处处可见莲花纹的装饰。莲花纹瓦当早在秦代时便已存在,但因没有生长和传播的背景和土壤,所以一直未形成较广泛的影响。魏晋时期的莲花纹瓦当至迟自东晋时期已开始出现,并由南方地区向北方传播,贯穿整个南北朝时期。

魏晋南北朝动荡不安的社会状况与连年的征战,使人民深受战争带来的痛苦,加上赋税徭役的剥削和压迫,精神的压抑和苦闷给佛教以兴起和传布的机会。佛教宣扬的"因果报应""生死轮回",正符合人们当时的心理需要,成为人们的精神寄托,引发了各阶级对于佛教的多方面关注,无论是贫困无助的劳动人民,还是企求永葆富贵尊荣的统治者都能从中得到慰藉,因此佛教也就迅速地兴盛起来,同时带动了佛教建筑兴盛与莲花纹瓦当的普及。

就莲花的形态来看,南朝早期为简洁素雅的单瓣莲花纹瓦当体系,到梁、陈时期形态逐渐从窄尖向宽圆演化。而北方迁洛早期是复杂富丽的复瓣宝装莲花纹瓦当体系,迁洛晚期的单瓣莲花纹瓦当基本取代了早期的复瓣宝装莲花纹瓦当[14]。而且,其单瓣莲花纹瓦当的莲花图样更接近南朝莲花纹瓦当的中期风格,此后东魏、北齐,也仍沿用单瓣莲花纹。这背后隐藏着南北地区不同的民族传统、艺术审美、文化观念的差异。一般认为这受孝文帝"汉化"政策的影响，具体的变化包括五部分：其一，当心由受汉代云纹图案瓦当影响的凸起圆乳钉状莲花花蕊演化为当心较平的莲蓬状；其二，莲瓣间的树形图案由"十"字形向"T"形发展；其三，当面莲花花瓣由双瓣变为单瓣；其四，花瓣形状由较宽的复瓣向窄尖的单瓣发展；其五，花瓣数量变多。总体而言，莲花纹线条是由繁琐向简化发展，由具象逐渐抽象化。有趣的

是，到南北朝中后期，综合南、北风格的饰连珠纹的单瓣莲花纹瓦当成了南北共有的瓦当类型。莲花纹瓦当被广泛运用于宫殿、礼仪建筑、官署、府第、寺院、陵寝等各类高等级建筑物上，普通民宅屋顶也覆有莲花瓦当，只不过规制等级和制作工艺有所降低。图5-4为南朝莲花纹瓦当，直径14厘米，边轮较宽且高凸，主图案为当面中部的10瓣莲花图案，莲瓣清晰修长且富有浮雕效果，立体感强，附图为边轮上的忍冬纹图案，为阳刻浅浮雕。

图5-4　南朝　莲花纹瓦当（图片来源：山东省中国古代建筑研究基地）

图5-5为北朝末期莲花纹瓦当，直径17厘米，边轮较宽且平，当面中部为9瓣莲花纹饰，莲瓣肥短有力且明显高于边轮，外饰一圈凸弦纹和连珠纹，其整体风格向唐代的莲花纹瓦当过渡。

图5-5　北朝　莲花纹瓦当（图片来源：山东省中国古代建筑研究基地）

　　莲花纹瓦当在发展过程中还出现了一个分支,即忍冬纹、变形忍冬纹瓦当。忍冬纹饰自东汉末年开始出现,南北朝时最流行。忍冬是一种缠绕植物,俗称"金银花""金银藤"。其花瓣垂须,黄白相伴,而得其名金银花;又因凌冬不凋,故有忍冬之名。因它越冬而不死,所以被大量运用在佛教中,寓意人的灵魂不灭、轮回永生,以后又广泛用于绘画和雕刻等艺术品的装饰上,瓦当上也留下了它的影子。忍冬纹瓦当当面以忍冬叶纹和流苏相间为主题图案,当心为一小型莲花纹图案。而变形忍冬纹瓦当主要以变形的忍冬叶纹为主题图案,当心也是一朵小型莲花纹图案。

　　北魏是中国佛教的第一个兴盛期,这期间开凿修建了大量的石窟、寺庙,皇室贵族无不虔诚信佛,莲花是佛门崇尚的信物,莲花瓦当的盛行反映出当时人们的意识形态和社会普适性审美。莲花瓦当和兽面瓦当从北魏开始逐渐代替了秦汉以来盛行的云纹瓦当,成为后来瓦当的主要类型。

　　莲花瓦当中还有一种莲花化生纹瓦当,莲花化生纹瓦当也被称作佛像纹瓦当,大多是在北魏孝文帝时期被建造,直到北魏覆灭还在使用,它的发展历程可以划分为早晚两个阶段。早期为北魏都平城时,这时的佛像多双手合十,周围多有双层复瓣花瓣的装饰。到了晚期,北魏将都城建在洛阳直到朝代覆灭这一阶段内,佛像的造型转变为双手合十的清秀童子形象;莲花的花瓣数量也逐渐减少。佛像纹瓦当主要用于北魏宫室、皇家寺庙等高级建筑。

五、别具一格的"锯齿云纹"和"人面纹"

　　云纹瓦当出现在战国,兴盛于汉代,至魏晋南北朝已不多见,但在东汉末至魏晋期间,出现了一种别样的云纹瓦当(图5-6),直径13厘米,中心的大圆乳钉及云纹与东汉云纹瓦当区别不大，不同之处在于边轮装饰一周锯齿纹，瓦当内区的分隔界线由汉代的双线变为了三线，颇具时代特点。锯齿纹出现的原因没有明确史料记载，但锯齿纹或代表了一种"坚定的力量"和暗含了"防御的形态"，这或许一定程度上映射了三国期间各国彼此间的战争现状。

图5-6　北朝　莲花纹瓦当（图片来源：山东省中国古代建筑研究基地）

人面纹瓦当是吴、晋时期最具地域特色和时代特色的瓦当门类，作为特定区域出现的瓦当，有着极强的在地性，存世量较少，纹饰独特且千姿百态，人面刻画形式虽繁杂不一，但共同特征是都对脸部的面颊和表情作了艺术化夸张处理，其纹饰形态也多变：或腮部高凸圆润（图5-7），或凹陷扁平；或阔脸剑眉，或瘦颊弯眉；或大眼有神，或鼠眼贼目，极具装饰性。

图5-7　南北朝　人面纹瓦当（图片来源于网络）

六、本章小结

虽然魏晋南北朝时期的瓦当艺术不如秦汉那样瑰丽多彩，但仍不失它朝代的独有特色与艺术魅力。由于佛教的普及与兴盛、文化的碰撞与兼容，此时期的瓦当呈现出多元丰富的变化，纹饰或清新脱俗，或威严狰狞，或诡异呆萌，在动荡不安的三百余年间，或许掺杂了更多的政治因素和人文因素，饱含着丰富的时代信息，并具有高妙且独特的形式感，带给人美的视觉享受和时代信息的映射。此外，魏晋南北朝的瓦当为研究佛教文化提供了丰富多元的信息载体，拓宽了佛教文化的研究渠道，完善了该时期宗教文化的整体认知。同时，北朝时期出现的兽面瓦当，对于剖析瓦当发展史中的兽面纹饰脉络演变，也具有重要价值。

飞阁流丹——隋唐时期的瓦当

第六章 飞阁流丹——隋唐时期的瓦当

一、概述

盛世莲花展雄风,碧瓦朱甍照城郭。隋代疆域的大一统、科举制度的创立、运河和驰道的修建、均田制的推行等为唐代的繁荣奠定了深厚的基础。唐代作为中国封建社会经济文化空前繁荣的鼎盛时期,历经二十一帝,出现了"贞观之治""永徽之治""开元盛世"等繁盛阶段,是我国历史上空前绝后的辉煌时代。隋唐长安城便是在隋唐大一统和政治经济文化高度繁荣背景下出现的产物,也是中国古代城市规划的典范之作,凭六爻之地和周礼之制,象天法地;以龙首为基,朱雀为轴,玄武为底,阵列百坊;皇城居中而立,郭城四周环绕,成就了中国古代历史上最为宏伟壮丽的大都城。唐代建筑风格不输都城规划的恢宏,其气魄宏大,严整开朗,雄壮有力,尽展大唐风范;而瓦当作为建筑构件,在隋唐时期纹饰题材高度统一,以莲花纹饰为主,兽面纹饰为辅,饰面纹样装饰性强且多饱满凸起,有呼之欲出的气势。这时期的琉璃瓦当在唐代高级别建筑中开始得到了一定的推广应用，大明宫出土的琉璃瓦显示，宫殿屋顶以绿色琉璃瓦为主、蓝色次之；其材料坚固、色彩鲜艳、釉色光润，杜甫的"碧瓦朱甍照城郭"诗句便是大唐殿宇金碧辉煌的最好写照。

唐代瓦当出土地点极为广泛，比较集中地发现于陕西西安唐长安城遗址、临潼华清宫汤池回、铜川唐玉华宫、清边县统万城遗址回、河南唐东都洛阳城遗址、江苏扬州唐城遗址、河北邯郸常乐寺遗址、易县龙兴观遗址、四川西昌高枧唐代瓦窑遗址、吉林蛟河市渤海建筑遗址、内蒙古托克托唐代遗址、云南巍山南诏建筑遗址以及新疆吐鲁番交河、高昌故城和吉木萨尔北庭故城等地点。

二、隋唐瓦当的发展背景

（一）建筑视角的背景

隋唐时期是中国古代建筑发展的成熟时期，是中国古代建筑发展的第二个高潮，都城规划、建筑结构、营造体系在这一时期也趋于完善和定型化，全国范围内遗存和出土的瓦当形制和纹饰也都表现出高度的统一性，无论是边远地区还是核心城市出土的莲花瓦当纹饰基本一致。隋唐时期的建筑在继承两汉以来成就的基础上，吸收融合外来建筑的影响，形成了一个完整的体系，并传播圣朝鲜、日本、东南亚等地。朝鲜半岛出土的高丽王朝时期的瓦当，纹饰多有莲花纹与兽面纹，与唐代的莲花纹与兽面纹均有异曲同工之处，这除了高丽王朝也信奉佛教外，唐朝的建筑形制、建筑文化无疑对高丽王朝具有极大的影响。

　　唐朝时期的木建筑已经克服了大面积、大体重量的技术问题,并已定型化。这种风格的建筑主要表现为房屋顶舒展平远,门窗朴实无华,给人庄重、大方的感觉,这是在宋、元、明、清建筑上不易找到的特征。如唐代佛光寺东大殿(图6-1),是我国遗存的最大、最重要的唐代木结构建筑,展现了严整又开朗建筑的风格,浑厚有力的形制,硕大的斗拱及粗壮的梁柱体现出大唐时代的繁荣、华贵、恢宏,出挑深远的屋檐像振翅欲飞的大鹏,尽显大唐气魄宏伟的风范。此时期的莲花瓦当饱满突出的花瓣及整体纹样设计华丽的特点恰恰契合了唐代的建筑风貌与高度繁荣的社会经济。

图6-1　唐代佛光寺东大殿(图片来源:许玉健)

(二)政治经济文化视角的背景

　　隋唐均是疆域上大一统的王朝,国家强盛、经济繁荣。隋朝的统一使全国的社会秩序安定下来，并顺应了统一的多民族国家的历史发展大趋势，隋朝大运河和驰道的兴建，使中国南北的经济文化得到交流；唐朝历经太宗的"贞观之治"和玄宗的"开元盛世"，封建经济得到高速发展，政治相对稳定的时间较长，这就为文化的繁荣奠定了坚实的基础，也为唐代建筑体系的成熟和模式化奠定了基础。而唐代瓦当饱满与华丽的饰面纹样同样也离不开隋唐政治的稳定与经济文化的高度繁荣而独立存在，唐代光彩炫目的琉璃瓦的推广应用亦依托于隋唐生产力的持续发展和技术的不断进步才得以实现。隋唐时期虽然已经不是瓦当发展最辉煌的时期，但其经济和文化的繁荣却在瓦当上得到了充分的展现。

这一时期的瓦当发展同时也离不开隋唐宗教文化的广泛传播，佛教自从汉代传入中国后，传播日趋广泛，到隋唐时期由于统治者的支持，中国佛教于此时达到兴盛的极点，成为佛教在我国传播的第二次高潮，其与本土文化的融合进入了一个全新的阶段。隋唐时期长安曾经有140余座寺庙，成千上万的僧尼，不少寺院成为佛教各宗的圣地，许多高僧都是达官贵人和皇帝的座上宾。莲花作为佛教最重要的纹饰，源于佛祖诞生时，前行七步，步步生莲，在佛教雕塑中，佛祖要坐于莲台之上，且莲花作为纹饰也契合于国人对莲花出污泥而不染的认同。随着佛教与中国主流文化的不断交融，佛教文化逐渐渗透到社会生活的各个方面。瓦当在隋唐文化中充当了重要的信息载体的角色，莲花纹瓦当、佛像瓦当等都是佛教文化的集中体现，映射了人们对精神文化和美好生活的寄托和诉求。在隋唐时期，莲花纹瓦当已经占据了绝对的主导地位，无论是佛教的寺院还是皇家的宫殿，都主要使用莲花纹瓦当。

三、隋唐瓦当的主要类型

隋唐瓦当的形制均为圆形,在此不再做分类赘述。琉璃瓦当自南北朝出现后在唐代开始了推广应用,即唐代存在灰陶瓦当和琉璃瓦当之分;若以当面纹饰题材为线索,隋唐时期的瓦当主要有莲花纹瓦当、兽面纹瓦当,另有少量佛像纹瓦当、羽人瓦当及忍冬纹瓦当,而文字瓦当自东汉起已呈颓势,至唐代只有个别实物见于报道,几成绝响。下面主要对隋唐莲花纹瓦当和兽面纹瓦当进行分类介绍。

(一)隋唐莲花纹瓦当

1.隋代莲花纹瓦当

莲花纹瓦当作为隋代和唐代的主流纹饰瓦当,饰面造型上不及南北朝丰富但却有自己的典型特征。隋代由于统治时间较短,又受到隋末农民起义的冲击,建筑损毁严重,能确认的是隋朝时期的瓦当很少,目前发现的隋代瓦当主要采集于隋文帝太陵、祠庙和隋炀帝行宫遗址范围内。从太陵和祠庙出土的瓦当看,隋朝瓦当边轮内与主体纹饰间多饰联珠纹一周,尺寸直径一般在12—15厘米之间,边轮较宽,纹饰以莲花纹为主,以单瓣莲花纹瓦当最为常见,其次为复瓣莲花纹瓦当、兽面纹瓦当,另还有极少数的菩萨纹和云纹瓦当。从隋炀帝行宫遗存瓦当看,以莲花瓦当为主,纹饰较为复杂且华丽精

图6-2 隋 单瓣莲花纹瓦当(图片来源:山东省古代建筑研究基地)

美。如图6-2所示，瓦当纹样为单瓣莲花纹，直径14厘米，边轮宽度适中，当心饰七颗莲子，周围环绕八瓣莲花纹，花瓣较短肥，轮廓形制清晰。

2.唐代莲花纹瓦当

唐代莲花纹饰是唐代瓦当的主流纹饰，种类异常丰富，是分布最广泛的一种瓦当；并且全国各地出土的瓦当莲花纹饰表现出很强的一致性，如新疆、广州、四川、江苏等地出土的莲花纹瓦当与唐朝两京地区出土的莲花纹瓦当基本一致。唐朝莲花瓦当上的纹饰类型丰富，边轮与主体莲花之间有的装饰以联珠纹，有的装饰以凸弦纹；莲花瓣有的是复瓣，有的是单瓣；有的是无廓，有的是单廓，有的是双廓；有的饱满肥硕，有的瘦长，莲瓣数量有多有少。当心有的呈乳丁状，有的呈莲花状，有的呈花瓣状，还有同心圆形以及空白当心者。

莲花纹瓦当的当面直径一般在11—16厘米，边轮宽在1—2厘米之间。纹饰基本采用半浮雕式，莲瓣有瘦、肥和繁、简的不同，并有单瓣、复瓣之分，另外还有单双层之别，中央均有花蕊纹，外缘常饰有一周联珠纹。而南北朝时期的莲花纹瓦当在莲瓣外缘施联珠纹的现象则较少见，这也是区别南北朝与唐代莲花纹瓦当的重要特征之一。

初唐至盛唐这一时期的莲花瓣较为饱满和外凸，再加上丰富的连珠纹装饰，整体华丽丰满，如图6-3中显示，莲瓣高耸，侧面体现出唐代"以胖为美"的大众普适性审美观。而图6-

图6-3 唐 莲花纹瓦当（图片来源：西都百里）

4中装饰繁杂的莲花纹则体现出唐代经济繁荣下世人追求雍容华贵、富丽奢华的心态。唐代边疆少数民族政权地区出土的莲花纹瓦当与唐王朝中心地区的也基本一致，同时还有自己的本土特色，如渤海国时期的莲花纹瓦当，绝大部分莲瓣都是复瓣，莲瓣间常饰以水滴状纹饰、星形纹饰或者十字纹，这是中原地区莲花纹瓦当所没有的[15]。

图6-4　唐 莲花纹瓦当（图片来源：百莲精舍）

关于莲花纹瓦当的分类，已经有多位学者做过分区的类型学研究，以前人研究为基础，通过综合分析，按照当心的不同将其分为以下四种类型：

（1）当心为莲子莲蓬形。当面主体纹饰为莲花纹，有单瓣也有复瓣，莲瓣有细长形、椭圆形。边轮与主体莲花纹之间有一周联珠纹或者无联珠纹。

（2）当心为乳钉纹。陕西及河南地区出土的瓦当，当面饰有单瓣或复瓣莲花纹，莲瓣有的浑圆肥硕，有的纤细修长，边轮与主体莲花纹之间有一周联珠纹或者凸弦纹；黑龙江地区发现的瓦当当心为乳钉纹，有的乳钉纹外有一圈凸弦纹，不同于中原地区的是，莲瓣的形状有明显的地方特色，且莲瓣外无联珠纹。

（3）当心为花蕊形。当面主体纹饰为莲花纹，有单瓣也有复瓣，有的瓦当边轮与主体纹饰之间有一周凸弦纹。

（4）当心为同心圆形。当面主体纹饰为莲花纹，复瓣莲花，花瓣隆起，饱满生动。瓦当边轮与主体纹饰之间有一周凸弦纹，外饰一圈联珠纹；其中渤海国莲瓣间常饰以水滴状纹饰、星形纹饰或者十字纹。

按照莲瓣的不同将其分为以下7种类型：

（1）单瓣莲花纹瓦当。以初唐和中晚唐以后所见较多。初唐时莲瓣排列疏朗均匀，环花蕊多为凸起莲瓣，莲瓣四周还有阳线装饰。有的莲瓣直接以阳线勾勒，简洁明朗。花蕊纹有的为一钮，有的在钮外施一周连珠纹，有的则以"十"字形图案代表花蕊。花瓣有六瓣、七瓣、八瓣及八瓣以上，以八瓣的较为常见。中晚唐以后以至于宋初，莲瓣逐渐向细长条形发展，近似于菊花纹，花蕊纹多以一周小莲珠纹代表，莲瓣较为低平，数目明显增多，一般均在十瓣以上，已逐渐失去了莲花的本来面目。图6-5为单瓣莲花纹，直径为14厘米，中间为花蕾，环绕八瓣莲瓣，边轮内有一圈连珠纹。

图6-5　唐 单瓣莲花纹瓦当（图片来源：山东省古代建筑研究基地）

（2）复瓣莲花纹瓦当。盛唐时期极为常见。盛唐之时，政治开明，经济文化繁盛，物产丰盈，国泰民安。富于自信、勇于创造的时代特征不但在诗歌、书法、雕塑、音乐上，而且在瓦当艺术上

图6-6　唐 复瓣莲花纹瓦当（图片来源：山东省古代建筑研究基地）

都抹下了浓郁健康瑰丽的色彩。此类瓦当莲瓣凸起饱满短壮，绝无削薄草率之感，多显富丽、雍容、华贵，直径多在12—15厘米之间，边轮或宽或窄。

如图6-6的复瓣莲花纹瓦当，直径为14厘米，中间为花蕊，外施连珠纹，莲瓣饱满凸起，莲瓣上方还有花萼状作为分隔，边轮内复施一周联珠纹。

唐代的莲花瓦当不论是单瓣还是复瓣，在莲瓣四周多饰以联珠纹，多数在联珠内还有一道弦纹，这在南北朝时期的莲花纹瓦当上并不多见，这也是鉴别南北朝与唐代莲花纹瓦当的重要参考依据。

（3）莲籽纹瓦当。在西安唐长安城、靖边统万城、内蒙古和林格尔古城遗址均有发现。这类瓦当当心有一钮或数量不等的莲心，钮外施二周或三周联珠纹，一般认为钮外较大的联珠纹是由肥短的莲瓣蜕化而来，习惯上称之为莲籽纹。

（4）复瓣寿带纹瓦当。瓦面中央圆圈内为花蕊纹，周围等距离伸出六枚莲瓣，六莲瓣之间各饰有一只展翅飞翔的寿带鸟，其中三只鸟喙朝前，另三只作回首状，两种不同姿势的鸟相间排列，生动活泼，图案为阳纹。

（5）莲瓣T纹瓦当。中央为花蕊纹，其外等距离布施四枚莲瓣，莲瓣间各配饰一"T"形图案，阳纹。

（6）变形莲花纹瓦当。中央为一大圆钮，其外以凸起的直线分隔为十等份，每等份内各饰一变形莲瓣，阳纹。

（7）莲蕾纹瓦当。瓦面中央两周同心圆，中心饰一乳钉，其周围等距离饰有八枚莲蕾，其中相间的四枚莲蕾下各饰一变形莲叶，图案阳纹。

（8）宝相花瓦当范。1983年采集于西北大学校园。整体形制为一厚圆饼状，背部及范侧光平细腻，陶色浅灰。范面径22.2厘米，背径20.8厘米，高6厘米。范面有外轮，在外轮凹下2.5厘米深处。当面图案中央为莲籽纹，周围一圈联珠纹，联珠纹外即当面主要部位有六朵莲花纹的宝相花式图案，其外有一周凸弦纹和联珠纹，外为瓦当边轮，瓦当边轮宽1.5厘米，深0.5厘米，花纹反制。值得注意的是，此瓦范范面边轮的下部径为17.5厘米，较上部内径为小，可能是为了模拓好的瓦当瓦坯取出方便而设计的。这对于了解古代瓦当的制作技术和工艺有一定参考价值。此瓦当当面图案饱满和谐，华丽而美观，不失为唐代瓦当范的精妙之作。

（二）兽面纹瓦当

唐代兽面纹瓦当边轮与兽面之间常饰联珠纹，初唐时期边轮较宽，兽面凸起较高。初唐时期还出土了少量的佛像瓦当，与隋朝佛像纹瓦当不同的是佛像周围为一圈联珠纹，其外又有一个联珠纹组成的小龛，制作非常精美。兽面纹瓦当在唐代占有相当重要的地位，与南北朝或宋代的同类瓦当相比，唐代兽面纹瓦当边轮较宽，兽面多采用浮雕手法表现，形象生动逼真，立体效果极佳，给人以呼之欲出的感觉。另值得注意的就是联珠纹运用较多，一般是在兽面外饰有一周或半周联珠纹，这一现象在南北朝的兽面纹瓦当中几乎不见。唐代兽面纹瓦当在西安唐长安城、靖边统万城、河南唐洛阳城、河北常乐寺遗址等地都有较多的发现。

唐代兽面瓦当直径一般在13—18厘米之间，当面突起，兽面形象千奇百怪，变化莫测，如图6-7所示为高浮雕兽面瓦当，直径14.5厘米，眉弓凸出似角，颔下鬃须卷扬，鼓目蒜鼻阔嘴，露口獠牙，形象生动逼真，弦纹外是联珠

图6-7 唐 兽面纹瓦当（图片来源：山东省古代建筑研究基地）

纹和宽阔的边轮,整体有一种盛唐时代的浑厚感,为典型唐代兽面纹瓦当。有的兽面则头上无角,额上生毛,竖耳暴睛,鼻下有须,龇牙咧嘴,凶相毕露,整体形象略为抽象,还有的双眉斜竖,眉间有卷曲的毛发,眉下双目深陷,眼球凸起,面目狰狞,显出兽面凶狠之态。

图6-8兽面瓦当具有极强的装饰性,除额头外通体雕刻有卷曲且艺术化的鬓须,此瓦当也反映出唐代高度繁荣的社会经济文化,及世人追求繁杂之美的审美倾向。

图6-8　唐 兽面纹瓦当(图片来源:西都百里)

唐兽面纹瓦当中还发现了兽面琉璃瓦当。瓦当自西周被发明使用以来,基本为灰陶,少数偏红,未见施以琉璃。目前已知琉璃瓦最早出现在南北朝,唐代开始推广应用于宫殿建筑。唐代遗址中,考古学家在对唐长安西明寺遗址的发掘中发现了绿色琉璃瓦当的残片,从其造型特征看,当为盛唐之物。唐代建筑中,宫殿建筑或高级别寺庙可配琉璃瓦当,如下图6-9所示的瓦当为唐代兽面纹

图6-9　唐 兽面纹琉璃瓦当(图片来源:窦欣伟)

高浮雕琉璃瓦当,直径为16厘米,保存完整,做工精良,釉色纯正,边轮宽幅巨大,当面中心为凸眉鼓睛大嘴的兽面形象,整体来看可推断出其来源

于高级别的建筑,有很强的装饰效果和震慑效果。

琉璃瓦的制作是在瓦当制好以后,先初烧一次,然后出窑涂刷釉料,最后再次进窑焙烧而成。琉璃瓦(包括瓦当)的耐腐蚀能力及排水性都远好于一般的陶瓦,并能带来华丽的屋顶外观,唐代诗人杜甫的诗句"孤城西北起高楼,碧瓦朱甍照城郭。"中的"碧瓦"即指大唐殿宇上的绿色琉璃瓦。

最早出土唐代琉璃瓦当的西明寺是唐长安的重要寺院,遗址位于今西安西北工业大学老校区的南面,西安电子工业大学的西北面。建成于初唐高宗之时(658年),沿用至晚唐。武宗灭佛时长安城中仅允许保留了四座寺院,西明寺即为其中之一,西明寺在中日文化交流上也起过重要作用,日本空海等著名僧人都曾在此居住学习。

(三)其他题材瓦当

除了莲花瓦当和兽面瓦当,隋唐还有零星其他题材的瓦当,如下:

1.卷云纹瓦当

吉林蛟河市渤海唐代建筑遗址出土的卷云纹瓦当,瓦面中央圆圈内饰一大乳钉,圆圈外等距离施四朵卷云纹,云纹间各饰一小乳钉,图案阳纹。

2.佛像纹瓦当

佛像纹瓦当是隋唐瓦当中的经典作品,较为罕见。佛像纹瓦当作为一种具有明显佛教意义的建筑构件,目前考古发现的材料多出于寺庙建筑遗址或者陵墓遗址,隋文帝陵曾出土过一件,当面径约10厘米。瓦当中心是一尊佛像,双手合十、结跏趺坐,佛像外饰一圈联珠纹,最外饰凸弦纹,组成一个佛龛,佛像服饰及发髻、面部表情因残损无法辨识。隋文帝杨坚诞生于陕西大荔县般若尼寺,由比丘尼抚养长大,从小深受佛教思想熏染,后有崇尚佛教的妻子,故其十分推崇佛教。杨坚立国当政后,为了巩固统治,赢得民心,改变了北周武帝灭佛的政策,大力护持佛法、复兴佛教,在位期间共度化23万僧尼,修建3792所寺院,建造了大量佛像,修复三千余卷佛经,对佛教予以多方面的政策支持。在其陵墓及祠庙遗址出土的具有浓厚佛教色彩的莲花纹瓦当和佛像纹瓦当,更是其醉心于佛教的体现。

在隋代统治者全面支持和复兴佛教奠定的基础上,唐代佛教发展更加繁盛,唐代陕西麟游县慈善寺遗址也出土过数件佛像瓦当,其中一件直径11.5厘米,当面平整,没有边轮,佛像位于当心并高凸。图案中的佛像坐于莲座之上,神态安详宁静,佛像外饰一圈方形凸弦纹,似将佛像置千佛龛中,纹饰非常精美,做工也精良。

3.迦陵频伽纹瓦当

迦陵频伽,又意译为好音鸟、美声鸟、妙音鸟,产生于印度。这是在佛教艺术作品中广泛运用的装饰素材,并一度作为佛教中的一个标志。其形体通常是人头鸟身,或修长的卷尾、或伸展的双翅,姿态为站立状、或飞行状,双手或持乐器、或拿果盘,而有些迦陵频伽作品则作双手合十姿态。

隋唐时期考古出土的迦陵频伽瓦当发现于丝绸之路青海南道上,当面直径12.9厘米,现藏青海省博物馆,是丝绸之路青海南道上的历史见证文物之一。瓦当当面中心是一圆睁双目作拱手状站立、背生双翼的童子形象,高浮雕。当面中间的人物面部五官饱满,高圆肉髻,形象天真烂漫、质朴无邪,上身裸露,其背部两侧有双翼,翅膀上的羽毛清晰可见,双手合十在胸前,似为天使形象,似乎手握着长笛或者筚篥正在吹奏,赤足,瓦当边缘施一周联珠纹。这件瓦当构思奇巧，神态逼真，细节刻画生动，具有极高的研究价值和艺术价值，是中国古代瓦当中极其难得的艺术珍品，这枚瓦当在博物馆被命名为"羽人瓦当"（图6-10）。

4. 飞天纹瓦当

嵩岳寺发现的飞天瓦当双手捧花，裙带飞扬，舞状轻盈飘逸。佛教之飞天的原形，来源于印度

图6-10　唐迦陵频伽纹瓦当复制品（图片来源于网络）

古神话和婆罗门教中的娱乐、歌舞之神乾阔婆与紧那罗二神的衍变，后来被佛教吸收，成为天龙八部中的护法神众。飞天是古印度人宗教幻想的产物，不过传入中国后经历了本土化、世俗化的改造，很快就成为本土艺术文化的构成部分，并获得高度发展。飞天造型出现了各式各样的艺术表现形式，其最大的特点是飞行时不借助外力，如翅膀、云彩，凭着自身的身体动势以及衣裙、披帛的飘逸，表现欢快飞翔的动感。与其他佛教造像相比，飞天更加缺少原型程式的束缚，给予了佛教艺术从事者更多的艺术展示的空间，可以说飞天是佛教艺术造型中最富韵味的人物形象。随着佛教文化深入传播，飞天的艺术形象相继出现在建筑构件、玉器上，发展至唐代，其造型相对写实，体态飘逸婀娜，从头至足形成一条充满韵律的波曲线，飘带裙褶的处理完全与飞舞的体势相一致，轻柔曼妙的飞舞之姿跃然眼前。在嵩岳寺发现的飞天瓦当从当面上的纹饰形制来看，具备唐代飞天浮雕的风格，体态飘逸，轻盈秀美。

5.胡舞纹瓦当

浓郁的宗教氛围中,我们似乎难以从瓦当上直接感受唐代世俗物质文化的高度繁荣与灿烂,因此唐九成宫遗址出土的一件唐代的胡舞纹瓦当就显得格外珍贵。该瓦当直径14.2厘米,当面中心有一舞人形象。舞人为男性,高鼻深目,持绸起舞,矫健生风,为标准的胡人舞者形象。唐代是中国封建社会的极盛时期,自身的强大培养了唐人开阔豁达的胸襟。丝绸之路上,商旅、使节、艺人源源不绝,胡酒、胡姬、胡帽、胡乐、胡舞风行长安。当时从民间到宫廷,源自中亚和我国西北少数民族的舞蹈大受欢迎,观看胡舞成为一种习尚。在宫廷士大夫的夜宴上,胡舞往往是必不可少的节目。在庭前铺上一块地毯,舞蹈者便表演起来,酒酣曲终,常常是黎明时分,所以在唐代文物中有很多胡人乐舞形象,九成宫瓦当上的胡舞形象与西安东郊苏思勖墓室东壁乐舞图等就非常相像。九成宫位于今陕西省麟游县新城区,建于隋开皇十三年(593年),它的设计者即是当时首屈一指的建筑学家宇文恺。隋文帝曾六次来此避暑,欧阳询在此写下中国书史上的旷世杰作《九成宫醴泉铭》。唐太宗也深爱此地,曾五次来此,每次都长住半年左右。凝视着这块胡舞纹瓦当,我们仿佛听到了一代明君李世民亲自奏响的那融汇中西、开拓进取的盛唐之音,看到了中外舞蹈家相互交流并舞于大唐的雄浑历史画卷。

6.文字瓦当

文字瓦当出现于汉景帝时期,普及于汉武帝时期,鼎盛于西汉中晚期,衰于东汉。至隋唐,文字瓦当已稀若晨星,但仍有个别地方使用。如20世纪70年代,考古工作者在统万城采集到一块"永隆"文字瓦当,现藏陕西历史博物馆。瓦当直径16厘米,厚2.5厘米,与"永隆"瓦同出统万城的莲花纹瓦当、兽面纹瓦当等都是唐代的遗物。"永隆"瓦文字糅合篆隶，极见书写味道，为汉代以来文字瓦中的逸品。

四、隋唐瓦当的特征

就材质特征而言，琉璃瓦当在唐代时期开始推广应用，但仅限于宫殿等高级别建筑物，如唐代大明宫清思殿出土了颜色为绿釉和蓝色的莲花瓦当，含元殿遗址出土了墨绿釉、褐色釉的琉璃筒瓦，两处宫殿遗存更多的是黑色板瓦和灰瓦。从出土的琉璃瓦和普通的陶瓦的数量上推断，琉璃瓦在隋唐时期应尚未大面积应用在宫殿建筑中，仅在屋脊或屋檐处铺设。同时由于烧制技术原因，黄色琉璃瓦及瓦当在隋唐时期出土较少。

就地域性特征来讲，隋唐出土的瓦当以陕西地区、河南地区较为集中。陕西省的瓦当数量众多，而且种类繁多，以莲花纹、兽面纹、佛像纹、龙纹等图案为主，尤以莲花纹瓦当更加突出，兽面纹瓦当次之，而佛像纹和龙纹瓦当则相对稀缺，佛像纹瓦当和龙纹瓦当在这一地区发现的比较少。而河南出土的隋唐瓦当主要集中在东都洛阳地区，纹饰以莲花纹为主，也有部分兽面纹瓦当。

就美学特征而言，隋唐瓦当尤其唐代瓦当有两个显著的特征：

第一个特征是华丽富贵。隋唐时期经济高度发展，特别是从初唐到盛唐的一百多年间，经过"贞观之治"和"开元盛世"，社会经济得到空前繁荣，从而促进了包括瓦当产业在内的手工业的兴盛。手工艺品在制作的材料、题材、内容的选择上，都追求一种高品质和华丽富贵，瓦当也不例外。唐代瓦当纹饰整体风貌是富丽丰满，首先是瓦当的当面构图内容丰满、充实，画面填充满整个当面。如最盛行的莲花纹瓦当，无论是隋代还是唐代，莲花纹皆充满整个当面且纹饰变化多样。第二个是浮雕效果明显,尤其是兽面纹瓦当,兽面多高凸,彰显盛唐的霸气与恢宏,莲花纹饰在初唐至盛唐时花瓣也是肥硕充盈,线条圆润,莲花瓣多凸起且饱满,符合唐代建筑的宏大、磅礴,形体也尽显端庄和俊美之态,也反映了唐代"丰腴为美"的普适性社会审美意识。

第二个是特征是兼容并蓄。隋唐时期繁荣的经济和开明的外交政策促进了该时期中外文化和艺术的广泛交流,而隋唐时期的瓦当题材也充分融合了多民族及多国家的艺术、宗教和文化元素,内容出现了飞天纹饰、胡人纹饰等多种题材;瓦当纹饰与形态设计在此背景下也繁丽多变、凹凸有别,充分体现了隋唐时期瓦当艺术层面的包容性和广博性。

五、本章小结

魏晋南北朝时期刷新了汉代瓦当的传统纹饰风貌,其高度活跃的经济和宗教文化,为隋唐瓦当艺术的发展奠定了基础,而隋唐瓦当则在高度繁荣的经济文化、不断提高的生产技术,及持续昌盛的佛教影响下,发展出独具魅力的盛世莲花纹和气势磅礴的浮雕兽面纹。同时,由丝绸之路进入中原的外来文化,对本土瓦当的纹饰与艺术造型都产生了潜移默化的影响,隋唐瓦当中新出现的飞天纹、迦陵频伽纹都是这方面的例证。从目前考古发现的莲花纹瓦当出土位置看,分布最广泛、数量最多的莲花纹瓦当几乎都发现于宫殿、帝陵、皇家寺庙、都城标志性建筑。据此可知,瓦当并非只是功能单一的建筑实用或装饰构件,更彰显和辨识了建筑等级,也表明了不同等级的瓦当有不同的阶级归属。

总体而言,隋唐时期的瓦当在继承魏晋南北朝瓦当纹饰的基础上,吸收融合了外来的文化因子,使自身题材纹饰的表达变得更为丰富、华丽与成熟,在隋唐瓦当装饰元素的细微演变中,我们看到了隋唐时期兼容并蓄的文化气度以及强盛国力下开明的政治自信。至于隋唐至宋代之间的五代十国时期,是中国历史上的一段大分裂时期,此阶段瓦当形制和纹样基本沿用唐代的模式,创新性不大,属于过渡性阶段,本书不做详解。

第七章

别具一格——
宋辽金西夏时期的瓦当

第七章　别具一格——宋辽金西夏时期的瓦当

一、概述

"文以靖国"。宋太祖赵匡胤终结五代乱世,通过杯酒释兵权、尊孔崇儒、完善科举、创设殿试、知人善任、厚禄养廉等一系列重大举措,彻底扭转了唐末以来武夫专权的政治局面,使宋代的文化空前繁盛,生产力持续发展,再次进入商业、手工业、文化教育、科学技术大发展时期,成就了中国古代历史上经济、文化与科技创新高度繁荣的时代。

宋代倡文抑武,区别于盛唐雍容华贵的审美,在建筑构造和体量方面,一改唐代建筑大开大合、气势恢宏的风貌特征,而向细腻、秀逸的方向发展;在建筑木构及色彩装饰方面,追求繁杂细腻,趋于精巧华丽,色彩"绚丽如织绣"。建筑屋顶坡度加大,大幅度使用减柱法,出现多种形式的殿阁楼台,高级别建筑多用琉璃瓦。瓦当直径尺寸整体趋于变小并影响到明清瓦当的尺寸,题材类型多为兽面和花卉,佛教题材的莲花纹饰大大减少,兽面纹瓦当成为瓦当的主流，逐渐取代了莲花纹瓦当的主导地位。辽、金、西夏多受中原文化影响，建筑风格向宋看齐但又有明显的地域特征，瓦当纹饰受宋代兽面影响也多为兽面纹瓦当，但整体形态多凶猛且有明显的少数民族风格。瓦当自西周被发明，鼎盛于西汉，至宋瓦当艺术尚存余晖，此时期盛行的兽面纹瓦当是自北魏出现兽面纹瓦当后最为辉煌的时期，也达到了整个兽面纹瓦当发展史的巅峰，其纹饰千姿百态、丰富多元，或凶狠或呆萌，或磅礴或婉约，或浮雕或线刻，撑起了瓦当发展史上的最后倔强。自宋代以后，瓦当艺术的发展渐渐落下了帷幕。

二、宋辽金西夏瓦当的发展背景

（一）建筑视角的背景

《中国建筑的文化历程》中描述"宋代是一个文弱而文雅的时代，其思想感情已由唐代的热烈奔放而渐渐变冷从而收敛自己，犹如从崇拜旭日而转为崇拜明月，从敢于面对喷薄之朝阳转而遥望明寂之星空……显得宁静而沉虑。"宋代的建筑风格也深深烙上了宋型文化的痕迹。宋代建筑不再追求唐代豪放的建筑风格，而是趋于收敛和细节化，其都城建设和建筑形式都发生了较大变化。首先，是营建规模尺度的缩小，无论是北宋首都东京，还是南宋首都临安，其城池和宫殿的规模都远远小于唐代长安。其次，建筑形制追求精致化与细腻化，这一点从瓦当的尺寸上可见一斑，宋代瓦当尺寸相比前朝普遍偏小，小尺寸的瓦片密集排列在屋顶上，有一种细腻和内敛之美，建筑的整体风貌迥异于唐代宏伟和粗犷的建筑之美。

同时，在技术至上的宋代，其建筑营造日趋模块化，古典建筑的结构、技术与形制都近乎达到了历史的巅峰而趋于定型,此时期建筑构件、建筑方法和工料估算在唐代的基础上进一步标准化、规范化,变得程式化起来,出现了官方颁布的第一部建筑法规——《营造法式》,全面总结了黄河流域尤其是中原地区的建筑技术,是宋代建筑技术向标准化和定型方向发展的标志,建筑设计更加繁复精巧,并应用模数制管理方式,使各个建筑构件都有固定的大小和搭配比例,提高了建筑营造的工作效率,配套的砖瓦建材的样式尺寸也固定下来,不再有诸多繁复的形制变化,取而代之的是质量的提高、装饰的细腻美观。宋代及以后的建造模式的规范化与模块化也有其消极影响,如砖瓦制造的规范化与程式化扼杀了创新精神,宋及以后的建筑形制也基本定型,总体上没有大的创新性发展。

再次,宋代手工业的发展也带动了建筑业的进步,再加上科学技术及营造技术的提高,宋代建筑的斗栱体系、建筑构造与造型技术达到了很高的水平。在建筑技术方面,前期的辽代较多地继承了唐代的特点,后期的金代在建筑上则继承辽、宋两朝的特点而有所发展。在建筑装饰方面,光亮的琉璃瓦与花草、动物、人物故事题材的建筑木雕,形成了绮丽繁复、细腻的韵味。宋代建筑偏于柔和细腻、纤巧秀丽,在建筑细节上,注重表层装饰和房屋小构件的精雕细琢,其建筑普遍追求门窗、栏杆及室内隔扇、天花等的装饰艺术之精美,宋代建筑从外貌到室内,都和唐代有显著不同,各种小构件均有新的发展。在建筑技巧娴熟的基础上,着力于建筑细部的刻画,不仅一梁一柱都要进行艺术加工,而且对于装修和装饰更要着力细致处理。如图7-1,为宋代建造的圣母殿,该建筑注重彩绘、雕刻和其他纹饰运用,檐柱上雕刻着八条金粉装饰的盘龙,雕工精细、栩栩如生。宋代的瓦当也受到时代普适性审美观念的影响,其纹饰注重细节的刻画,注重艺术性的表达,如兽面瓦当形态各异，少有重复。但随着宋代建筑模式化的逐步加强及工匠开始醉心于小木作的雕刻与装饰，瓦当便也从此时起，艺术性和关注度开始慢慢退让于小木作的精细雕工与艺术表达，至明清，瓦当的创新性终于达到了低谷。

图7-1 宋 圣母殿建筑（来源：汇图网）

（二）政治经济文化视角的背景

公元960年，北宋结束了五代十国的分裂局面，实现了中原和南方地区的统一，社会经济得到恢复和发展[18]。宋太祖采取分散中央与地方权力的方法，把军权、行政权和财权收归中央，加强中央集权。农业取得重大成就，手工业生产规模与技术进步发展，商品经济活跃，对外贸易频繁，封建经济高度繁荣。封建生产方式向边疆地区扩展，辽、夏、金的民族经济都有一定发展。南方经济逐渐超过北方,经济重心南移;海外贸易发达,对外贸易由传统陆路为主转到以海路为主;科学技术成就突出,自然科学、社会科学各个领域全面繁荣,取得辉煌成就,处于世界领先地位。都城开封作为北宋当时全国最大的城市,人口众多,商业、手工业繁盛,水陆交通非常发达。北宋名画《清明上河图》以都城汴梁(今河南开封)城郊清明时节的繁华景象为题材,描绘出了北宋都城东京的城市面貌和当时社会各阶层人民的生活状况,是北宋时期都城东京繁荣情形的见证,也是北宋城市经济情况的写照。经济的高度繁荣为建筑业的兴盛和手工制造业的繁荣打下了坚实的基础,也为瓦当制造业的兴盛奠定了经济与技术基础。

宋辽夏金时期兽面瓦当有明显的"趋同性",或说辽夏金的兽面瓦当是以宋代兽面瓦当"母版",在此基础上融合了本地域的民族文化与审美。兽面瓦当的这种"趋同性"离不开此时期汉族文化的强大及多民族文化的不断融合,在此期间,中国传统文化影响不断扩大,共同的历史基因增强。各王朝在继承中华优秀传统文化的基础上,各自又对中华文明有新的发展和弘扬,加强了民族间的大交流、大融合,对中华民族文化作出新的贡献,通过各民族之间的进一步密切交往和深度交融,淡化了民族和空间因素上的差异。辽、夏、金三朝在汲取中华文明力量的同时,对中华文明作出了多方面贡献,印证了中华文明是古往今来全国各民族互学互鉴、共同缔造的事实。此时期民族政权的并立和民族融合是宋、辽、金、西夏的时代特征。各民族政权之间既有战争又有议和,但"和"是主流。内迁的少数民族与汉族逐渐融合,形成多民族融合的新局面。

宋辽夏金时期瓦当的尺寸普遍偏小,纹饰神态整体不如唐代的恢宏和绚丽,这或与宋代建筑受到当时提倡"存天理、去人欲"理学思想分不开,文人学子及其整个民族的文化心态,有"向内转""内敛""内倾"的特性,在物质层面上一般不求其宏大,而在精神象征意义上具有深广的蕴意。受精神领域的影响,宋代建筑没有了唐代建筑雄浑的气势,体量较小,绚烂而富于变化,呈现出细致柔丽的风格,出现了各种复杂形式的殿、台、楼、阁,瓦当的艺术表达与制作也不再一味追求唐代磅礴和高浮雕的气势,而是更加看重艺术层面的气韵。

三、宋辽金西夏瓦当的主要类型

（一）兽面纹瓦当

兽面纹瓦当在宋辽金西夏时期盛行,其形制特征因民族文化的差异在各疆域略有差别。

1.宋代兽面纹瓦当

宋代盛行兽面纹瓦当。宋代繁荣多元的文化特征体现在了兽面纹饰上,其形态丰富多变,既有口露獠牙和口衔圆环凸显威猛之态,又有略显呆萌惆怅之态,既有高浮雕工艺,又有平面线刻工艺。相对于唐代兽面,宋代兽面略显内敛、少凶狠,如图7-2所示兽面,直径为11.5厘米,其虽口露獠牙,但总体缺少唐代的霸气和浑厚,多了一丝文人的细腻和艺术气息,这与整个宋代的社会

图7-2　宋 兽面纹瓦当（图片来源：山东省中国古代建筑研究基地）

意识形态、审美意识、重文轻武的政治形态或有较大关系。

　　当然,宋代兽面也有较为凶猛的形态,如图7-3、图7-4所示,两个兽面瓦当均为高浮雕工艺,直径分别为14厘米和12.5厘米,当面兽面凸起,眉弓高耸,面部四周围绕鬓毛,面带凶猛之势。图7-3瓦当表面施以银粉状薄釉,这是青州瓦当的典型特征,同时也代表着该瓦当来源于高级别的建筑。

　　宋代兽面纹瓦当出土数量多且形态各异,但经过分析性对比,可以将其形态简单概括如下:兽面纹瓦当可以分为四型,相较而言,单排齿兽面纹瓦当最为流行。其余三型瓦当,即双排齿兽面纹瓦当、有吻无齿

图7-3　宋　兽面纹瓦当(图片来源:山东省中国古代建筑研究基地)

图7-4　宋　兽面纹瓦当(图片来源:山东省中国古代建筑研究基地)

兽面纹瓦当、无吻无齿兽面纹瓦当基本上旗鼓相当。所有四型兽面纹瓦当皆可依据犄角形态分为三式。相较而言,最流行的是挑犄式兽面纹瓦当,其次是弯犄式兽面纹瓦当,再次为无犄式兽面纹瓦当。弯犄式兽面纹瓦当所出地层通常偏早(晚唐至宋),挑犄式兽面纹瓦当所出地层通常介乎于弯犄式兽面纹瓦当和无犄式兽面纹瓦当之间,而无犄式兽面纹瓦当均出自北宋晚期诸遗址中,是知彼此之间可能存在某种演变关系,即弯犄式犄角由挑犄

式犄角替代,无犄式特角代替了挑犄式犄角。北宋晚期的兽面纹瓦当中的
兽面形象开始变得模糊,并向高突方向发展,边廓不复存在。

2.辽代兽面纹瓦当

辽代的兽面纹瓦当直径一般在11-17厘米之间,边轮多宽平,兽面略突
起,双目圆而小,鼻子多呈现三角形,椭圆形口,口角上常饰有卷曲或笔直的
胡须,口多露獠牙,面带凶狠,竖耳,额上常有条形线纹,兽面外缘常有一周
凸弦纹,有些瓦当纹饰兼有辽代和金
代特征。如图7-5为典型辽代兽面特
征,直径为11.5厘米,面部凶狠,头上
有两角,眉弓和眼珠外凸,蒜头鼻突
起,獠牙外露明显;如图7-6兽面瓦
当,直径为16厘米,面部呈现一定拟
人化倾向,边轮甚宽,粗眉小眼,鼻子
较长且略作三角形,口角微翘,露獠

图7-5 辽 兽面纹瓦当(图片来源:山东
省中国古代建筑研究基地)

图7-6 辽金 兽面纹瓦当(图片来源:
山东省中国古代建筑研究基地)

图7-7 辽金 兽面纹瓦当(图片来源:山
东省中国古代建筑研究基地)

牙,额头饰有一"宝珠"。如图7-7直径为17厘米,似人似兽,环形眼珠大且夸张,额头长角,整体纹饰线条化、简洁化、夸张化,富有视觉冲击力。

3.金代兽面纹瓦当

金代的兽面形象相对于辽代更显生动逼真,如图7-8瓦当兽面,直径为12厘米,边轮宽平,面部圆润微凸,浓眉小眼,鼻呈蒜头形,口牙清晰可辨,口内画一道弧线象征舌头,细部刻画较为精湛,颌颊外密布卷曲鬓须,图面清晰,立体效果极佳,此兽面有一定的拟人化倾向。还有的兽面瓦当通体涂有红色朱砂(如图7-9),瓦当涂朱砂不外乎两种功能,一种为增添装饰效果或彰显建筑的等级,一种是民间传说朱砂可以辟邪,故在瓦当表面涂朱砂以镇宅辟邪。

图7-8　金　兽面纹瓦当(图片来源:山东省中国古代建筑研究基地)　　图7-9　金　兽面纹瓦当(图片来源:山东省中国古代建筑研究基地)

4.西夏兽面纹瓦当

西夏兽面纹瓦当纹饰多样,地域特征明显。在西夏3号陵共出土较完整的瓦当872件,其中868件为兽面纹。西夏6号陵共出土2700件瓦当,全为兽面纹。此外,在西夏1、2、4、7、8号陵,西夏陵北端建筑遗址、宏佛塔、黑水城、永宁县闽宁镇和三关口西夏墓群、宁东灵武窑、拜寺口及甘肃永昌县后大寺千佛阁遗址等地,仍有兽面纹瓦当采集或出土,其纹饰有六式之多,工艺粗糙精致不一,出土范围囊括了当今宁夏、甘肃、内蒙古。

西夏兽面纹瓦当面部多狰狞凶猛,眉弓粗壮,眉毛呈卧蚕式,双目圆睁,鼻子硕大鼻孔大张,颧骨突起,两腮圆鼓,阔口方齿,两颗獠牙外露清晰,毛发成缕并卷曲。如图7-10所示,该兽面整体纹饰繁复精致,头上有2个45度斜角,眉弓突出,眼窝深陷,鼻子和两腮凸起,口露獠牙,面露狰狞,整体构图饱满,张力十足,视觉冲击力强。

图7-10 西夏 兽面纹瓦当(图片来源:西都百里)

图7-11 宋 莲花纹瓦当(图片来源:山东省中国古代建筑研究基地)

(二)莲花纹瓦当

1.宋代莲花纹瓦当

中晚唐以后到北宋初,莲花的莲瓣由丰满突起向扁平细长发展,有点近似于菊花的感觉,莲瓣数目明显增多,一般在8瓣以上,设计上追求一种扁平化,如图7-11所示,该瓦当直径11.5厘米,当面中心为花蕾,环绕8片莲花瓣,外有一圈联珠纹。

莲花瓦当发展到宋代,出现了另
外一种纹饰设计形式,即不再是正俯
视平面形式,这与唐代莲花瓦当纹饰
多为正面俯视形象有较大差别,多为
莲花侧视绽开的形象,这种莲花纹饰
更加直观明了。如图7-12所示,该莲
花瓦当为山东聊城地区出土,直径
13.5厘米,当面为一朵侧视盛开的莲
花,左右两侧各有小莲花作为配饰,

图7-12　宋 莲花纹瓦当(图片来源于
网络)

下部为横向水纹,上部为竖向绽放的莲花,有了线条的纵横对比,整体画面
布局合理,线条飘逸自然,形象生动,具有较强的写实风格。

2.金代莲花纹瓦当

金代莲花纹瓦当的当面一般以多个莲瓣围绕当心,莲瓣的形状和莲瓣
间的纹饰变化多样,当心饰一乳丁,边轮内饰凸弦纹一周,凸弦纹内饰联珠
纹一周,大部分当面径在12—15厘米左右。金代遗址另出土了芍药花卉纹
饰的瓦当。芍药与牡丹并称"花中二绝",芍药花卉纹饰同莲花纹饰一样,亦
为我国传统吉祥纹饰。芍药种植历史年代久远,在北方具有极高的自适应
力,可耐北方寒冷冬季,其种植属性和环境适应性符合女真族人的豪迈且粗
犷的自适应力。

3.西夏莲花纹瓦当

西夏出土的莲花纹瓦当与兽面纹瓦当相比较少,但纹饰精致美观。西
夏莲花纹瓦当一改秦汉、隋唐时期采用正视的莲花构图的做法,多采用折枝
莲花的侧视图作为当面纹饰。根据莲花纹的细部特征,可将西夏莲花纹瓦

当分为两种类型。

第一种类型当面呈圆形或扇形，刻有一折枝莲花，花瓣饱满圆润，枝细叶茂，生机盎然。贺兰县宏佛塔出土的莲花纹瓦当，折枝莲花主体纹饰左右两侧各伸出一枝马蹄莲和一片莲叶，周围有水草和花朵等装饰。西夏陵区北端建筑遗址出土的莲花纹瓦当，其主体莲花两侧各伸出一片枝叶。

第二种类型当面刻有一折枝莲花，花瓣细长，枝叶粗壮，主体纹饰外有宽凸轮，轮上装饰一周联珠纹，此莲花纹线条简单流畅，整体给人一种简单厚实之美。此类莲花纹瓦当在四川青城山宋代建福宫遗址有出土，其当面饰一侧视莲花，并配饰莲叶，线条飘逸自然，具有较强的写实风格，边缘较宽。

（三）龙纹瓦当

龙纹瓦当的时代颇难确定．可能其上限可以追溯至晚唐时期，而于宋代中晚期出现较多，沿用至明清。其当面以浮雕的盘龙纹为主体，宋代龙纹瓦当有的全身鳞甲分明，有的胸部有锯齿状鳞片，辅以流云、宝珠等。龙纹的演变规律基本上是由幼稚而走向成熟，造型演变的基本轨迹是从粗糙而渐趋华丽。龙多呈空中舞姿，龙全身呈盘曲翻滚之状，腾云驾雾，昂首挺胸，也或许象征着统治阶级不甘偏安一隅之雄心。宋代龙纹瓦当大部分是灰瓦，有少部分是红胎绿釉琉璃瓦，此时的龙纹瓦当线条简洁，没有多余的装饰。

（四）菊花纹瓦当

1.宋代菊花纹瓦当

菊花瓦当虽在宋代并非主流纹饰瓦当，但在各地仍有出土，如在北宋西京城址中,菊花纹瓦当共计出土137件,依据花瓣形状,菊花纹瓦当可以分为五型,即团花式菊花纹瓦当、连枝式菊花纹瓦当、对蕾式菊花纹瓦当、"品"字形菊花纹瓦当和并蒂式菊花纹瓦当。就数量而论,它们旗鼓相当,很难区分谁更流行。就演变关系而论,连枝式菊花纹瓦当应当是团花式菊花纹瓦当的派生形式,并蒂式菊花纹瓦当应当是对蕾式菊花纹瓦当的派生形式。就地层叠压关系而论,团花式菊花纹瓦当的时代偏早,其次是连枝式菊花纹瓦当和"品"字形菊花纹瓦当,再次为对蕾式菊花纹瓦当和并蒂式菊花纹瓦当。

五代北宋,开始流行团花式菊花纹瓦当;北宋晚期,连枝式菊花纹瓦当、并蒂式菊花纹瓦当、对蕾式菊花纹瓦当和"品"字形菊花纹瓦当数量明显增加。

2. 西夏菊花纹瓦当

西夏时期瓦当上的菊花纹形制整齐划一,当面模印菊花纹,花瓣呈瘦叶状,主体图案与边轮间有一周凸弦纹,边轮较宽,其上或饰一周联珠纹或为素面,多见灰陶质地,亦有施绿色的琉璃质地,此类菊花纹瓦当多采集自西夏4号陵区内,永宁县闽宁镇西夏墓也有出土[33]。

菊花怒放于秋霜之季节,其性傲然,其品坚贞,深得宋代文人雅士喜爱,其淡泊清新之属性也被赋予了儒家孔颜乐处之精神。西夏人迁徙于内地后便与汉族人民长期杂居共处,不断学习汉族人先进的生产技术与繁荣的思想文化,并推崇汉族的儒家文化。在此背景下,宋代民众喜爱菊花和种植菊花的生活习俗和美学价值观也渐渐影响到了西夏人,菊花纹饰开始出现在西夏人的日常装饰及建筑装饰上,包括瓦当纹饰也有了菊花的影子。

四、宋辽金西夏瓦当的主要特征

该时期瓦当的第一个特征是"趋同性"。无论是宋，还是辽金西夏，其纹饰皆以兽面纹为主，从已发现的兽面瓦当的纹饰分析推断，该时期应以宋代兽面瓦当纹饰为"母版"，辽金西夏在"母版"基础上融合了本地域的民族文化与民族审美。同时，宋代兽面瓦当不仅从横向地域角度传播到了辽、金和西夏，从纵向时间轴角度宋代瓦当的兽面纹饰影响也延续到了元、明、清，我国最后三个封建制王朝的民间瓦当仍然以兽面纹饰为主。

第二个特征是艺术的多元表现。宋代兽面瓦当纹饰形态各异、千变万化，或凶狠或柔萌，或哭状或喜态，或口衔大环或闭嘴不语，或高浮雕或浅浮雕，蔚为大观，其多变形态让人叹为观止，辽金西夏的兽面也各显地域特色，此时期瓦当艺术的多元表达也撑起了瓦当发展史上最后一次辉煌。

第三个特征是瓦当装饰功能开始渐趋退化。宋代的建筑装饰相比前朝更注重建筑"小木作"的精雕细琢，普遍追求门窗、栏杆及室内隔扇、天花等装修艺术的精美，而瓦当的装饰性和受重视程度从宋代起呈现逐渐下降趋势。

第四个特征是瓦当纹饰风格多柔美和艺术化，宋代兽面虽亦有凶狠之态，但其更多展示的是艺术的多元性，其整体风貌已经没有唐代兽面纹饰的浑厚和磅礴大气，这也贴合了宋代时期的建筑风格和社会审美。

五、本章小结

宋辽金西夏时期是中国古代历史上民族融合最激烈的时期。中原文明与周边的游牧文明在一次次碰撞中互相吸收，经历矛盾、冲突、血与火的淬炼带来的阵痛而顽强不屈地发展着。在这三百余年里,华夏人民以充满激情的创造力以及百折不挠的意志力,给后人留下了宝贵的物质遗产和精神遗产。

　　把瓦当置于公元10世纪至13世纪——宋朝及与其并存的少数民族政权辽金西夏的社会大背景之下,充分考虑其社会思潮、经济政治对文化的影响,丰富多彩的兽面纹瓦当展现了我国汉族及少数民族的地域风貌特点和历史文化,辽金西夏的兽面瓦当与宋代瓦当的趋同性也是游牧文明向中原农耕文明靠近、融合、演化的证明。宋辽金西夏时期,丰富多彩、形态各异且又充满民族地域特色的瓦当图案变成可与之进行对话的历史老人,将凝固的史料变成鲜明生动的历史展示给世人[34]。

第八章

日落余晖——
元明清时期的瓦当

第八章　日落余晖——元明清时期的瓦当

一、概述

元起朔漠,并西域,平西夏,灭女真,臣高丽,定南诏,遂下江南,而天下为一。元朝是中国历史上第一个由少数民族建立的大一统王朝,疆域辽阔、军事强盛,商品经济和海外贸易相对繁荣,但整体生产力偏弱,在艺术与文学方面则是发展以庶民为对象的戏剧与艺能,在建筑方面元代和宋代建筑风格截然不同,元代一改宋代精致纤细的建筑风格,变得粗放不羁,在中国建筑发展史上处于过渡阶段。而明清时期是封建社会由盛转衰的时期,这一时期皇权高度集中,封建专制加剧,纲常礼教腐朽,资本主义萌芽出现并缓慢发展,封建集权的强化在一定程度上对文化的发展起到了遏制作用。

历经千年沧桑的瓦当在元明清时期进入了发展低谷。元代的建筑营造体系继承宋代,瓦当的纹饰图案也主要沿用宋代的兽面纹,艺术的创新性相对较差,艺术的丰富性也有所减弱,瓦当的制作工艺整体不够精良。明清时期阶级观念森严,瓦当从等级上严格划分为官式瓦当和民间瓦当两种,不可逾制。从图案区划,官式瓦当图案以龙纹和凤纹为主,兼有花卉纹,而民间瓦当的图案相对较多,如兽面、花卉、文字、人物故事等纹样;从材质区划,官式瓦当皆用琉璃瓦,民间瓦当皆用灰陶,由于琉璃瓦制作技术的发展与成熟,明清高级别建筑应用的官式琉璃瓦当质量和艺术创造都到达了自身的顶峰,而民间瓦当由于封建等级制度及各项规制的严格约束并未有新的发展和突破,直到清代中后期封建王朝不断衰落,其纹饰内容才有所推陈出新,尤其在清晚期至民国时期瓦当纹饰的多样性达到了一个小高潮,但瓦当纹饰的艺术性表达不足,质量及制作工艺欠佳。明清建筑尤其是清代更加注重小木作的发展,及对于木雕、石雕和砖雕工艺的投入,使得瓦当的装饰性渐渐失去昔日的光辉而退居幕后。

二、元明清瓦当发展的背景

(一)建筑视角的背景

元代建筑承金代建筑,因蒙元统治者建筑工程技术低,故多依赖汉人工匠营造。元代建筑特点是粗放不羁,在金代盛用移柱、减柱的基础上,更大胆地减省木构架结构。这一时期中国经济、文化发展缓慢,建筑发展也基本处于凋敝状态,大部分建筑简单粗糙。从现存建筑实物看,元代建筑一般都是采用砌上露明造,屋顶敞开不加装饰,室内无彩绘、油漆彩画,木构多用原木作梁,多有弯曲,因此梁架特点是外观粗放,不拘一格,弯曲的梁木几乎随处可见,不加砍削,整体建筑风格多粗犷简陋。作为建筑构件的瓦当自然也无法摆脱元代整体建筑风格的影响,瓦当纹饰题材单调且无明显创新,多沿用宋代兽面,另有少数龙纹瓦当,制作工艺上普遍下降,纹饰多粗糙少精良。

明清都城建设注重城的形态和格局,规制严密,建筑形象规整庄严,建筑色彩的使用有严格的等级要求,明清的瓦当形制和纹样也同样有严格的使用规范,如《大清会典》中对不同等级建筑所用的琉璃瓦有如下规定:黄琉璃瓦用于帝王宫殿、帝陵和高级别寺庙,绿色琉璃瓦用于王府,青色琉璃瓦用于祭祀建筑,黑紫琉璃瓦等多用于帝王园林中的亭台楼榭,老百姓只能用青瓦。因此,明清时期的建筑进入了一个特殊时期。一方面,随着宋代建筑技术的发展与成熟,宋代以后的建筑艺术逐渐"繁杂化",如清代繁杂的木构结构,如斗拱。到了清朝,建筑风格更加雍容华丽,追求一种"极繁"的建筑风格,重点转移到建筑的"小木作"方面,变化多样,制作精美的窗户、隔扇、雀替、栏杆以及大量的石雕,雕刻装饰成为明清建筑上的主要装饰形式。清代的木装修尤以精巧、华美和繁复著称,以窗户的装饰为例,发展得异常活泼丰富。日本人伊东忠太曾指出:"窗之外形,其格式殆不可数计……方形之外,有圆形、椭圆形、木瓜形、花形、扇形、瓢形、重松盖形、心脏形、横批形、多角形、壶形等。"就连寻常百姓家的朴素的纸糊窗,也以火红的剪纸或吉祥的年画裱糊,同样充满生活情趣。这使得瓦当的装饰功能逐渐弱化,瓦当纹饰不再是人们关注的焦点。但到了清中期后随着封建王权的衰败,尤其是远离政治中心的南方地区,建筑制式不再受封建思想束缚,加上社会经济的发展,大规模远程贸易与人口流动成为常态,建筑风格融合与建筑技术的传播使得居民建筑质量不断提高,与定型的官式建筑相比,民间建筑极为多样化,并有明显的地方特色,这使瓦当的纹饰也朝着多元化、个性化发展。

另一方面,明清建筑是中国古建筑的最后一个鼎盛时期,建材制造技术得到了较大发展,琉璃瓦的制作技术也非常成熟,同时颜料提炼工艺的发展,赋予了琉璃瓦当更加鲜明多姿的色彩。屋顶大面积的黄绿色琉璃瓦,再加上建筑的白石台基,红色墙柱门窗,金碧交辉的梁枋彩画,使得建筑显得流光溢彩、绚丽夺目,当然,这只是针对高等级的建筑而言。同时由于官式建筑制式等级的严格约束,琉璃瓦当虽然制作精良,但其艺术的创新性和丰富性不足。明清时期的瓦当虽有推陈出新,呈现多元化趋势,但由于木构建筑繁杂的工艺、华丽的雕刻与绘画,使瓦当关注度大不如前朝,瓦当制作的工艺水准及艺术性大大衰退从而退居幕后。

明清时期的建筑等级规制严格,民式建筑只能使用青灰色的瓦顶,素面青砖墙体或白色饰面墙体,禁用黄色或红色。北方梁柱及门窗多使用黑色、绿色、朱色或保留本色木面,南方建筑制式及木构色彩相对灵活,在朱色基础上为达到装饰效果还施以金色。明清时期,古建筑屋面的样式多种多样,除功能性外,还是等级的象征。明清时期等级森严,建筑从形式、开间、屋顶到用色等都有明文限制规定。官文明确规定民用建筑禁止使用高等级屋面样式,所以常见的民居建筑一般为悬山、硬山形制。民间建筑屋面覆瓦有两种方式,一种是传统的筒板瓦配套铺装,这与官式建筑屋面大致相同,筒瓦前端有瓦当;二是纯用板瓦正反交合相扣配套铺装,屋檐处无瓦当,这在民间的低收入家庭使用较为广泛。民居建筑根据主人的地位和财力、建筑物的功能不同,多选择不同种类的瓦来装饰屋面[43]。民间瓦当在遵循明清相关规定的基础上,纹饰图案上有一定的多元性,但相比前朝,瓦当纹饰艺术的表达明显不足。瓦当的尺寸普遍偏小,当面直径一般在10厘米-13厘米之间,纹饰图案大致可分为兽面、花卉、文字三大类,每一类里面又涵盖了众多的纹样。

（二）经济文化视角的背景

1.元明清经济发展的促进作用

元朝经济以农业为主,其整体生产力虽然不及前朝,但在生产技术、垦田面积、粮食产量、水利兴修等方面都取得了较大发展。明清时期中国的早期市场经济酝酿于成化、弘治,开始形成于嘉靖,至康熙中后期到雍正初年最后形成。至乾隆时期,随着国家大一统的真正出现,边疆等偏远地区的市场也得到了开拓,中国经济得到迅速发展并达到鼎盛,形成了"康乾盛世"。各具特色的区域经济的发展是明清时期中国经济发展的一个重要内容和特征,其次明清时期全国经济商品的流通速度加快,其发展规模和流通范围也有大幅度增长。第三是海岸交通枢纽带来的经济发展,京杭大运河对于明代经济发展起着极其重要的作用,运河沿岸城市也得益于运河的开通成为交通枢纽和经济发达的城市;至清代时期,在运河的基础上又增加了沿海航线和长江航线,此时,京杭大运河、沿海和长江多个沿线的城市迅速崛起,中国的经济也得到前所未有的发展。明清时期作为中国封建王朝最后一个阶段,其经济持续繁荣,生产力和科技进一步提高,使得建筑制造业和建筑体系达到了中国历史发展的巅峰,瓦作技术也进一步成熟,可以批量烧制各种色彩的琉璃瓦用于高级别建筑,瓦当的发展更加多彩化。

2.元明清文化发展的促进作用

元代在民族文化上采取相对宽松的融合政策,尊重各个民族的文化和宗教信仰,提倡各民族间进行文化交流和融合,并包容和接纳欧洲文化,如意大利的马可·波罗曾是元朝的重要官员。元代文化还有个特点是士大夫文化地位下降,属于中下层的庶民文化迅速抬头,发展了以庶民为对象的戏剧与艺能，其中以元曲最为兴盛。明代以后，市民文学逐渐取代了士大夫文学。具有不同肤色的西方人开始向中国传教布道，诸如意大利的利玛窦、西班牙的庞迪我、德国的汤若望、法国的金尼阁等，促进了明清时期的多元文化融合与交流。但明清封建专制走向了极端，阻碍了文化的多元繁荣，如清朝雍正年间的"文字狱"对于文化的发展即有很大扼杀作用，再加上清代中期以前严格的礼制文化和高度集中的封建王权，文化的创新发展一定程度上受到了抑制，直到清中期后封建专制的逐步衰弱这种情况才逐步得以改变，这种影响也体现在建筑上。但封建专制文化对建筑的影响更多是在官式建筑上，乡土建筑的发展相对而言地域性较强，同时远离政治中心的南方地区的建筑及其构件的形制和色彩也得到了多元及个性化的发展，瓦当也不例外。

三、元代瓦当类型

元代瓦当的形制均为圆形，在此不再做分类赘述。元代瓦当的材质分为琉璃瓦当和灰陶瓦当两种，另有极少量的铸铁瓦当和铜制瓦当；若以当面纹饰题材为线索，元代瓦当绝大部分为兽面纹瓦当，另有少量龙纹瓦当，下面主要对元代兽面纹瓦当和龙纹瓦当进行分类介绍。

（一）兽面纹瓦当

元代瓦当纹饰的主流是兽面纹。兽面纹瓦当作为瓦当的一种图案纹饰，是我国延续时间最长的装饰纹样，最早出现在北魏，狰狞而具有神秘感的兽面多有一种震慑作用。魏晋南北朝时期出土的兽面纹瓦当有明显的地域性特征，如六朝建康都城出土的兽面瓦当，有已定型化的"建康风格"，再如青州出土的兽面瓦当,当面中心多高浮雕,凸起高度可达5公分,面部多张大嘴,面带凶势,高级别建筑用琉璃瓦,另有一部分瓦当表面施以银粉以显示其建筑的尊贵。隋唐时期兽面瓦当大多高凸,浮雕效果明显,纹饰凶猛浑厚,边轮多饰有一圈联珠纹,形象霸气侧漏,多显大唐盛世风范。宋辽金西夏是兽面纹瓦当发展的高峰时期,兽面形制多元,表情丰富,或凶狠或婉约,元代的兽面瓦当在继承宋制的基础上已趋于简化,整体呈粗犷状态,工艺不够精良。元代兽面纹瓦当鬃毛多呈卷曲做团状,气势威严逼人。图8-1即为

元代兽面瓦当,直径为13.5厘米,边轮较宽,当心为一突出兽面形象,头上长角,眉弓和腮部外凸,胡须卷曲,眼睛两侧有两个小竖耳。经过朝代的更迭,至明清兽面瓦当纹饰趋于简单化,也不再凶狠,有类似猫头的兽面出现,俗称"猫头瓦",面目狰狞的少,但纹饰多变,有的面容娇柔,有的圆眼瞪目,有的面肥齿尖,有的憨态可掬,可谓

图8-1　元 兽面纹瓦当(图片来源:山东省中国古代建筑研究基地)

形态各异,整体而言兽面纹瓦当在明清时期逐渐没落。以上是对兽面瓦当简短的总结。

中国古代兽面瓦当有着丰富的文化底蕴,主要表现在瓦当所包含的社会、文化、宗教及民俗内涵,其造型具备着独特的艺术审美特征,兽面多元化的形态与当面布局相辅相成,可谓方寸之间,藏气象万千。兽面瓦当所绘凶狠的兽面纹饰,在古人看来,既象征着威猛雄武,又具有食鬼镇邪之

用,同时还映射了当朝的宗教文化。兽面纹瓦当,不仅富有时代性和地域性特征,还和当朝的社会意识形态和主流思想观念相吻合。兽面瓦当的流变勾勒出的正是其在历史文化坐标中的轨迹,是文化创造和时代特色相融合的产物。兽面瓦当从北魏初始到明清衰落,经历了上千年历史的冲刷,承载着千年历史的变迁,见证了多个王朝的更迭与兴衰,其学术研究意义不言而喻。

(二)龙纹瓦当

元代的龙纹瓦当相对于兽面纹瓦当的数量偏少,此时期的龙纹造型尚不够成熟,没有明清龙纹的飘逸感,显厚重,有一种"拙"的感觉。如图8-2,边轮较窄,整个当面构图有些"过满",龙为侧面卷曲形象,鳞片满身,工艺制作粗糙,缺乏细腻感和艺术感,符合元代特征。

图8-2 元 龙纹瓦当(图片来源:窦欣伟)

四、明清瓦当类型

从材料角度区分,明清瓦当可分为琉璃瓦当和普通灰陶瓦当,另有少量的铜制和铁质瓦当。从纹饰角度区分,主要有龙纹凤纹、兽面纹、花卉纹,另有动物纹、文字等纹饰瓦当。明清官式瓦当材质多为琉璃瓦当,因其材料坚固,具有较好的防水、防腐及隔热的功能,又有形式多变、色彩丰富艳丽、可塑性强等优点,一直受到皇家的青睐。琉璃瓦多用于宫苑官署和寺院这样的高等级建筑。由于琉璃瓦烧制技术的发展,瓦当颜色增多,有黄、绿、黑、白诸色,不同颜色的琉璃瓦用于不同等级的官式建筑。下面主要对明清瓦当的纹饰类型进行解析。

(一)龙纹和凤纹瓦当

龙纹瓦当和凤纹瓦当多见于官式琉璃瓦当,民间龙纹和凤纹瓦当少见。龙纹以侧面游龙为多,或回首而望,或游于海涛,或舞于彩云。明代龙纹瓦当与宋代瓦当上的爪纹区别明显,如宋代陶瓦当上的五爪尚未形成圆轮形,而明代琉璃瓦上的龙爪已成轮形。龙作为中华民族的象征之一,贯穿整个文化历史的发展。史前龙纹稚拙而古朴;春秋战国的龙纹神采飞扬,具有激昂、动荡的时代特征;秦汉时期,人们在龙的基础上加上人的神采,使其更具有灵性,这一时期,龙的形象基本定型。在以后的发展中,龙的形象逐渐由走兽状向蟠行状过渡。到了明代,作为皇权象征的龙纹发展进入黄金时代,龙纹精致而端庄,清代早期的龙纹形象略有明末的遗风,龙纹整体形象剽悍,气宇轩昂,一派盛世景象。清中晚期,龙纹发生较大的变化,龙纹呈有形无力、无精打采之态。秦汉以来,龙逐渐成为天子的象征,一直是皇家统治者的专用图案,禁止在民间使用。明清时期龙纹图案瓦当装饰屋顶是一种身份地位的象征,起到"震撼人心"、巩固权利的重要作用;其次是人们的精神寄托,是吉祥如意、驱邪避灾的象征。明代龙纹中,龙爪以五爪或四爪居多,龙尾有两种,一似蛇尾、少装饰,另一种则以卷云纹装饰尾巴。清代龙竖发丛生,呈披头散发状,眉毛多锯齿状,似山字形,腮部也有锯齿状须,鼻旁有长须,头部多为正方形,以正面构图为主。这一时期龙纹精繁而华丽,但也不乏杂乱、无从归纳的感觉。明清瓦当构图以"满"为特点,龙形图案蜿蜒盘旋占满整个当面，不但龙姿优美，而且纹饰清晰，龙鳍隐露，龙鳞片片重叠凸起，雄姿勃发，圆润健壮，生动活泼。图案写实简明，虽不见云彩，但其盘旋腾飞之态，尽显风云变幻之势，神态天真，栩栩如生，富于生气。如青州衡王府遗址采集的龙纹瓦当(图8-3)，为绿色琉璃瓦，龙身盘曲，龙首作45度仰视龙珠状，五爪张开，龙须飘逸，这件瓦为典型的明代官造风格，构思巧妙，造型奔放大气，雍容堂皇，从中可见明代王府府邸的威严气象。

图8-3　明 龙纹琉璃瓦当(图片来源：山东省中国古代建筑研究基地)

(二)兽面纹瓦当

兽面纹瓦当在明清多用于民间瓦当，也是明清尤其是清代大面积应用于各地的瓦当。兽面纹始于北魏，其纹饰凶狠且有一定的艺术性，发展到明清时兽面慢慢程式化，形态上凶狠不再，有的还憨态可掬，整体工艺欠佳，但不同的地域形态各异，纹饰呈多样化，有的似虎，有的似狮，有的似猫，因整体没有了以往兽面的凶狠，在有的地方被人俗称为"猫头瓦"(图8-4)。

图8-4　清 兽面瓦当(图片来源：山东省中国古代建筑研究基地)

(三)花卉纹瓦当

花卉纹瓦当在明清同兽面纹瓦

当一样,属于常见品种,官式琉璃瓦当和民间灰陶瓦当都有花卉纹的存在,其种类多样,有宝相花、牡丹花、莲花、菊花等多种类型,其形态既有传统的正俯视纹饰造型,也有侧立面的纹饰造型,既有具象刻画、细腻、形象逼真的,也有偏抽象刻画、略显夸张、以线刻为主的。

(四)其他纹饰瓦当

明清民间瓦当受规制影响相对较少,尤其在清中期以后出现了不少其他题材的瓦当,如文字瓦当、人面瓦当、动物纹瓦当等,如云南玉溪有"李"字等姓氏瓦当和"猴子"(图8-5)等动物纹瓦当,山东青州等地有"寿"字瓦当,山西五台山镇国寺有人面瓦当,山东曲阜有跑马瓦当,河北邯郸有蝙蝠纹瓦当等。其中,"寿"字瓦当在全国各地遗存较多,时间跨度也较长,从清代至民国乃至解放初都有使用。

图8-5 晚清民国 猴子瓦当(图片来源:山东省中国古代建筑研究基地)

五、元明清瓦当特征

元明清瓦当第一个特征是艺术性减弱和创新性较差。元代瓦当纹饰基本沿用宋代的兽面纹饰,几乎没有创新,工艺也大多粗糙;明清时期由于严格的封建等级制度和礼制制度的约束,另加明清时期日趋追求"极繁"的建筑表达体系,如斗拱结构的日渐繁杂化,使其装饰性超越了实用性;再加上石雕、木雕、砖雕的繁杂且精湛的技艺表达,使得人们对瓦当的关注度日益下降,瓦当的艺术表达和创新性也大大减弱。第二个特征是民间瓦当艺术的多样化。明清瓦当在封建集权和建筑等级体系的影响下,分为了比前朝等级更加鲜明和严格的官式瓦当和民间瓦当两种类型,相比过往,其形制、材料和纹饰皆不可逾越。官式瓦当的程式化在一定程度上阻碍了艺术创新,民间瓦当虽也受其影响但相对呈现多元化的艺术表达,尤其是清中后期瓦当纹饰渐渐丰富,但材质及工艺欠佳。第三个特征是琉璃瓦当的大面积推广应用。由于琉璃烧制工艺的进一步发展,元代皇宫建筑及寺庙开始大规模地应用琉璃瓦,明清时期琉璃烧制工艺更是登峰造极,其材质质量、纹饰花色均达到了极高的水准,皇宫建筑、王府建筑及高级别寺庙建筑均铺设琉璃瓦及琉璃瓦当。

六、本章小结

元明清时期,虽然是瓦当艺术层面发展的低谷阶段,但仍有一定的发展,尤其是清中期后封建王朝各项规制约束力逐渐减弱,瓦当纹饰呈现出多元化的趋势,有兽面、花卉、植物等纹样,亦出现了少量的动物纹和文字瓦当。这一时期由于琉璃制造业的发展和烧制技术的提高,出现了金黄、天蓝、冬瓜青、孔雀绿、仿古翡翠绿等多种颜色,所以官式建筑的琉璃瓦当在色彩和工艺上与前朝相比有了明显变化和提高,彰显出皇家的气派与威严。明清时期由于建筑的砖雕、石雕、木雕工艺日渐提高,其精湛的技艺与雕工逐渐冲淡了瓦当作为装饰的台前地位,瓦当的艺术发展空间受到限制,更多的是程式化的表达,于是,瓦当的发展慢慢停滞了下来,在艺术和装饰层面逐渐淡出了历史舞台,我们只好给它画上一个句号。

第九章

结论

第九章 结论

一、概述

本书第一章概述了瓦当的定义和起源,解读了瓦当研究的价值,剖析了中国历代瓦当纹饰的演变及内涵特征;第二章至第八章论述了中国历代瓦当的发展背景、形制特征和纹饰特征;本章作为总结性的一章,将对瓦当相关的研究点做总结性归纳,重点剖析中国历代瓦当的演变规律、瓦当发展的制约因素,及未来的研究展望。

二、瓦当发展演变规律浅析

(一)瓦当纹饰的演变规律

1.瓦当纹饰内容的演变

瓦当纹饰内容的演变规律可归纳为从"写实"到"取意"、从"具象"转"意象"，从"多题材多形式的感性思维表达"到"规定题材下多形式的理性表达"，从"世俗生活再现"到"艺术化具象再现"、从"图腾崇拜"和"对大自然的敬畏"到"现实世界理性的艺术化抽象表达"。

奴隶社会阶段，瓦当纹饰内容多为对现实世界的"写实性描写"和"具象表达"，如我国最早出现的西周瓦当，纹饰中的粗绳纹、细绳纹、重环纹纹饰是"现实生活中器物的写实性再现"。春秋战国时期，瓦当纹饰中图案多是对"现实生活场景的再现"，如齐国的树木双骑纹瓦当，展现的是树、人、马在一起的世俗生活场景；秦国瓦当纹饰中的鹿纹、鸟纹、鱼纹等动物纹饰和莲花纹、树叶纹等植物纹饰以描绘现实生活中动植物题材为主，以写实手法加艺术夸张表现，属于"现实生活题材的再现"，反映了先秦时期秦人的社会经济生活和文化思想意识形态；而燕国的饕餮纹和秦国的涡旋纹（图9-1）带有神秘色彩，展现了"图腾崇拜"和"对大自然的敬畏"。先秦时期瓦当纹饰内容的特征可以总结为世俗化、神秘化，及题材多元化；纹饰布局没有明确的章法可循，可以概括为"自由式布局"。

图9-1 战国 秦 神秘的涡旋纹瓦当（图片来源：山东省中国古代建筑研究基地）

秦汉瓦当纹饰题材从春秋战国的"多题材多形式的感性思维表达"到"规定题材下多形式的理性表达"。春秋战国时期瓦当纹饰题材多达十余种，每一种题材又衍生出数十种的纹饰表达，内容形式多元、纹饰丰富，造就了瓦当发展史上的第一次高潮。

至秦代时期,纹饰题材数量大幅减少,主流纹饰仅有云纹、葵纹两种,另有少量夔纹和战国遗留下来的动物纹和植物纹。汉代则在继承秦代云纹瓦当的基础上又发展了文字瓦当及"四神"瓦当共计三种主流纹饰瓦当,可见秦汉时期瓦当纹饰题材由先秦的多元化逐渐趋向单一化,原因是秦汉作为大一统王朝各项规制和政治意识形态的强化和统一,其当面纹饰布局也从先秦"漫无章法"式的自由布局过渡到"主次有序"的理性严谨布局。纹饰设计理念也从最初的"写实"逐渐演变为"取意",由起初的"具象"转变成最终的"意象",由想象创作转为对现实生活中具体形象的提取和概括。

魏晋南北朝至隋唐五代时期,瓦当纹饰受佛教建筑和佛教文化的影响,纹饰题材集中到兽面纹、莲花纹两种纹饰,另有少量佛像纹,呈现了对现实世界和精神世界的高度概括与提炼,也表达了对理想世界的寄托。宋元时期,瓦当主流纹饰以兽面和花卉两种题材;明清时期,瓦当纹饰在继承兽面和花卉纹饰基础上,增加了官式瓦当中常见的龙纹、凤纹,可见在先秦时期出现的神秘且具有压迫感的图腾纹(如饕餮纹),及表达对大自然崇拜的云纹和星空纹,此时期已经转化为雅俗共赏的传统吉祥纹样。

2．瓦当纹饰图案数量的演变

瓦当纹饰图案数量的演变规律可归纳为从"多"到"少",从"多视点"过渡到"单一视点",即从多个图案逐渐演变为一个图案为主,单一图案的出现可以使瓦当图案的视觉焦点更加突出。

瓦当纹饰的图案数量,奴隶社会时期数量不一,如战国时期秦国瓦当、齐国瓦当、燕国瓦当刻画图案数量均不相同:秦国的"鹿犬兔雁蟾蜍"纹饰瓦当,当面刻画有鹿、犬、大雁、蟾蜍、兔子共五种动物图案;齐国树木双鹤纹饰瓦当,刻画有树木和两只仙鹤共三个图案;燕国双龙纹瓦当,刻画有对称的两条龙共两个图案。步入封建社会，瓦当的图案表达内容多为一个，如唐宋时期的兽面纹瓦当，当面只刻画一个兽面，明清时期的龙纹瓦当，当面也仅刻画一个龙纹；当然也有以某个纹饰为主，周边散落其他小纹饰的图案排列方式，如下图宋代的莲花瓦当（图9-2），当面一朵侧视盛开的莲花为纹饰的主角，左右两侧各有小莲花作为配角，下部为横向水纹，同样是作为配角出现。多个图案纹饰的瓦当画面活泼，给人一种灵动感，单个图案纹饰的瓦当视觉中心更加突出，视觉形象更加饱满。

图9-2 宋 莲花纹瓦当（图片来源于网络）

（二）瓦当形制与尺寸的演变规律

中国历代瓦当形制的演变规律可以归纳为从半圆瓦当形制演进到圆形瓦当形制，瓦当当面直径尺寸的演变规律可以总结为从大尺寸过渡到小尺寸。

1.历代瓦当形制及尺寸概述

西周瓦当皆为半圆形，当面底径尺寸多为16.5—21.5厘米之间；春秋战国时期瓦当形制仍然以半圆瓦当为主，当面底径尺寸多为12—19厘米之间，但也有大尺寸的个例出现，如燕国的饕餮纹宫殿大瓦底径尺寸为32厘米左右；秦代瓦当形制多为圆形瓦当，亦有少量半圆瓦当和极少量的大半圆瓦当。秦代圆形瓦当直径尺寸多为13—18厘米之间，半圆瓦当尺寸多为15—19厘米之间（个别超过20厘米），大半圆瓦当为秦始皇帝陵瓦当，当面底径尺寸为61厘米。综上,如果我们去掉燕国32厘米左右的宫殿大瓦和秦代的61厘米的皇陵大瓦,可以得出先秦和秦代的瓦当直径(或底径)尺寸多为12—19厘米之间。

汉代瓦当形制多为圆形瓦当,西汉瓦当和东汉瓦当直径尺寸差别较大,西汉瓦当当面直径尺寸多为14—22.5厘米之间,东汉尤其是东汉中期以后直径尺寸普遍偏小,多为13—17厘米之间。之所以出现东汉瓦当直径尺寸小于西汉,个人认为有两个原因:一是西汉"非壮丽无以重威"思想的影响,二是西汉作为历史上国力强盛的大一统王朝,其经济、文化、军事实力达到了空前的繁荣和强大,而这种繁荣与强大需要通过建筑及建筑构件装饰的外在展现,因此西汉盛行体量巨大的宫殿与帝陵建筑群,西汉时期出现的"四夷尽服"(图9-3)、"汉并天下"等文字瓦当也是西汉强盛的经济军事实力与

图9-3 西汉 四夷尽服瓦当(图片来源于网络)

一统天下雄心的外在显现,而西汉瓦当的大直径尺寸同样也是彰显西汉豪迈与霸气的外在表征。

魏晋南北朝时期瓦当形制均为圆形(偶见异形瓦当不做种类阐述),瓦当直径尺寸多为12—18厘米之间;隋唐五代瓦当尺寸开始呈现缩小趋势,直径尺寸多为11.5—16厘米之间;宋、辽、西夏瓦当直径尺寸多为11—16厘米(偶见18—19厘米);元明清瓦当直径尺寸除了明清皇家建筑和帝陵建筑瓦当尺寸偏大外,一般多为10—14厘米。

2.瓦当尺寸演变原因

历代瓦当尺寸的演变和历代建筑形制的演变息息相关,也与建筑模式的成熟度和社会文化及美学有直接的关系,下面梳理一下历代瓦当尺寸演变的背景。

(1)奴隶社会瓦当尺寸差异过大的背景原因浅析如下:

瓦当诞生于西周中晚期,此时期瓦当制作工艺、外观形制及当面纹饰多处于探索尝试阶段,此时期的瓦当尺寸由于工艺和技术的限制多考虑其制作和铺装时的便利性和吻合度;春秋战国属于奴隶社会的瓦解时期,也是社会大变革时期,领土疆域割裂,政治意识形态各异,建筑体系也正值发展的萌芽期,建筑形制和建筑风貌没有统一规定,瓦当的形制和尺寸也没有统一的规制,即便是同一个国家,瓦当的形制也既有半圆形又有圆形,瓦当尺寸也缺乏统一约束,如战国时期的燕国瓦当,底径尺寸差异就较大,既有底径10多厘米的瓦当,也有底径20多厘米的瓦当,还有底径超过30厘米的瓦当。瓦当作为奴隶社会后期出现的新生事物,尚不成熟,尤其春秋战国是奴隶社会逐步瓦解时期,各诸侯国战乱导致瓦当的形制规格无法得到统一,因此该时期瓦当尺寸并不一致且差异较大。

(2)封建社会瓦当尺寸演变的背景

秦汉时期,由于封建王权的集中和各项规制的大一统,瓦当形制趋于统一,由半圆形演变为圆形;瓦当尺寸方面,横扫六国的始皇帝嬴政好大喜功,为耀王威,大兴土木,广建宫殿庙宇;西汉初始,汉高祖刘邦听从丞相萧何"非壮丽无以重威"的建议,再次大建宫殿苑囿,以彰显空前强大的经济与权力高度集中的中央政权,加之秦汉建筑木构用材粗壮,此时期的瓦当无论是云纹瓦当还是文字瓦当尺寸普遍较大,以彰显王权威严和匹配建筑用材,此时期的秦代帝陵瓦当可达61厘米,秦代主流瓦当尺寸多在15厘米左右;西汉宫殿或帝陵瓦当尺寸多在22厘米左右,普通主流瓦当尺寸多在17厘米左右,东汉瓦当尺寸开始趋于变小,主流尺寸多在15厘米左右。

魏晋南北朝时期,建筑中"非壮丽无以重威"的"大壮"为主导的思想已被"适形"和"卑宫室"的设计理念代替,园林的营造观念也由形似自然的大尺度理念演变为神似自然的小尺度理念,建筑室内的家具也从席地而坐的短足形制演变为垂足而坐的高足形制,魏晋南北朝时期兴盛的佛教文化也不提倡享乐,综上多方面原因,该时期的建筑形制、建筑空间及建筑构件的尺寸大小相比秦汉更加理性和适度,而非整体或局部的夸张,瓦当也逐渐从西汉时期的大尺寸演变为"适中"。此时期盛行兽面瓦当和莲花瓦当,兽面瓦当尺寸略小于莲花瓦当尺寸,兽面瓦当主流尺寸多在14厘米左右,莲花瓦当尺寸多在15厘米左右。

隋唐五代时期,瓦当尺寸相对于魏晋南北朝时期没有太大变化,但整体尺寸开始趋于缩小,即使唐代作为中国历史上国力和影响力最为强盛的朝代,其莲花瓦当主流尺寸也大多在14厘米左右,其兽面瓦当主流尺寸多在15厘米左右,可见国力和经济的影响不是瓦当尺寸的决定性因素。

宋代文化的主导思想是"内敛",在物质层面不求宏大而求其内涵表达,因此该时期的建筑体系迥异于唐代的浑厚粗犷,追求精致与细腻,无论是群体建筑还是单体建筑,规模整体上都小于唐代建筑,作为建筑构件的瓦当受建筑风貌特征和文化特征的影响,其尺寸自然相对于隋唐五代有进一步缩小的趋势,主流尺寸在13厘米左右,同时期金、辽、西夏瓦当尺寸差异较大,但大多在16厘米以下。图9-4是汉代文字瓦当主流尺寸(17.7厘米)和宋代兽面瓦当主流尺寸(12.5厘米)的对比图,通过图示可以明显看出宋代瓦当尺寸远小于汉代瓦当尺寸。

图9-4　汉代和宋代瓦当尺寸对比(图片来源:山东省中国古代建筑研究基地)

元明清时期尤其是明清时期,由于建筑的整体形制和风貌逐渐追求精致性和装饰性,建筑的木雕、石雕、砖雕也推崇极致的繁复、细腻和小巧,导致瓦当尺寸呈现进一步缩小的趋势,瓦当尺寸除了官式瓦当外,明清主流瓦当尺寸多在11厘米左右,以耦合于明清建筑精巧细腻的整体风貌。

(三)瓦当演变与建筑演变的关联性规律

作为传统建筑的重要组成构件,瓦当的演变伴随着建筑体系的发展而演变,它们之间的关联呈现出一定的规律性:建筑体系发展越成熟,瓦当艺术层面发展越缓慢;建筑装饰越丰富,瓦当受关注度越低,总体而言,建筑的发展和瓦当的发展呈现反比。下面从建筑和瓦当发展的几个关键期进行彼此间的关联性剖析。

1. 中国古代建筑体系发展演变的几个关键时期

(1)我国古代建筑发展的第一个高潮是秦汉时期,该时期木架建筑结构发展进入成长期,建筑平面布局趋于稳定,建筑屋顶形式多样,建筑构件(如斗拱)形制进入形成期和探索期,建筑形态呈现垂直于地面纵向发展的趋势,建筑装饰和建筑色彩简洁质朴,楼阁建筑盛行标志着古建木结构整体性的重大进展。

(2)我国古代建筑发展的第二个高潮是隋唐至宋时期,该时期建筑木构架体系迈入发展的成熟期和定型期,唐代出现专门负责设计与施工的专职人员"都料",宋代颁布了建筑设计和建筑施工的规范标准《营造法式》,开启了我国古代建筑的"模数制"时代,建筑装修和建筑色彩都有很大的发展,建筑水平达到了前所未有的高度。

(3)我国古代建筑发展的第三个高潮是明清时期,该时期的建筑体系发展经过宋代的精致化后,达到了高度成熟的阶段,强调大木构架的整体性,简化了梁柱结合方式,斗拱的承重功能演变为装饰功能,木雕、石雕和砖雕广泛应用于官式建筑和民间建筑,该时期的建筑装修、建筑彩画、建筑装饰日趋定型化、繁琐化、程式化。

2. 中国历代瓦当发展演变的几个关键时期

(1)我国瓦当发展的第一个高潮是战国时期,该时期时逢政治和社会大变革时期,经济和文化繁荣,手工业技术有空前的发展,思想上百家争鸣,各诸侯国大建土木工程,促成了瓦当产量的激增和瓦当艺术的"百花齐放",瓦当纹饰图案题材多元,形态各异,刻画逼真。

(2)我国瓦当发展的第二个高潮是秦汉时期,该时期国力强盛,经济繁荣,文化昌盛,出现了千古绝唱的文字瓦当和独领风骚的"四神"瓦当,秦汉瓦当艺术是集艺术性与历史性于一体的文化结晶，展现出博大精深的中华文明璀璨夺目的一面。

（3）我国瓦当发展的第三个高潮学术界尚无明确定论，一般认为瓦当艺术的发展自秦汉达到巅峰后开始趋于衰落，没有形成较大的显性发展阶段，至明清时跌入低谷再无创新。个人观点是唐宋时期的瓦当艺术仍然有较大的创新，唐宋时期盛行的兽面纹瓦当是自北魏出现兽面纹瓦当以来最为辉煌的时期，也达到了整个兽面纹瓦当发展史的巅峰，其纹饰千姿百态、丰富多元，充分展现了唐宋时期的文化特征和大众普适性审美，可以看作是瓦当发展的第三次高潮。

3. 结论

如果对中国古代建筑体系发展的演变与中国历代瓦当发展的演变关键节点阶段进行对比剖析，我们可以看出，瓦当发展的高潮期与建筑体系发展的高潮期仅在秦汉时期是重合期，其余两个高潮节点是瓦当发展的高潮节点先于建筑发展的高潮节点，瓦当的发展与建筑体系的发展并非总是呈现正比态势，而是自秦汉以后尤其是唐宋后呈现反比态势，明清建筑体系发展达到巅峰阶段，而明清瓦当发展却是陷入低谷。综上得到的第一个结论是建筑体系发展越成熟，瓦当发展越缓慢；得到的第二个结论是瓦当作为建筑构件，它的发展节点要先于整个建筑体系的发展节点，这是否存在着建筑构件的发展先于建筑体系发展的普适性演化规律？

三、瓦当演变发展的制约因素

瓦当演变发展是指瓦当在当面轮廓形制、当面刻画纹饰及布局，和瓦当材质三个层面的演变发展，其发展制约因素众多，既受制于政治经济文化层面,又耦合于建筑形制、建筑风貌、建筑技术和建筑装饰层面,还受到当朝的社会普适性审美影响,下面对以上三个受制层面进行浅析。

(一)政治经济文化层面

1.政治层面

政治制度和政治意识形态对瓦当的影响和制约不言而喻。建筑是政治的外在表征,而瓦当作为建筑的重要构件自然也弥散着政治气息。建筑的初始功能是满足人们空间层面的居住、生活与生产需求,但随着人们对空间质量需求的进一步提高、对建筑外在显性装饰要求的逐步提升建筑技术进一步提升,建筑材料不断更新。建筑开始慢慢成为区划社会阶层的"器物",如宫殿建筑和帝陵建筑即为统治阶级的专属建筑以达到彰显王权和维护阶级秩序的目的。而瓦当作为建筑的重要组成部分,自西周产生的那一刻起,瓦当的外延功能便超越了它的初始功能,建筑物是否铺设瓦当俨然成为西周区别社会等级的显性标志。

政治对于瓦当的影响最为显著的时期是秦汉时期。秦汉时期作为我国历史上大一统的强盛时期,皇权和思想空前专制,政治意识形态对瓦当的渗透体现在瓦当形制的高度统一性、瓦当纹饰题材的一致性、瓦当纹饰布局的严谨性;又如魏晋南北朝时期,战乱不断,百姓苦不聊生,统治阶级希望借助佛教来"消减"世人精神层面的痛苦和维持动荡的社会秩序,于是在统治阶级的支持下,佛教建筑兴盛,佛教题材的绘画和装饰大行其道,代表佛教的莲花纹饰也出现在瓦当上,可以说该时期内莲花瓦当兴盛的根源在于统治阶级的推动而非瓦匠的个人意志。再如明清瓦当的艺术创新为瓦当发展史上的低谷,这与封建制度的空前专制有密切关系,可以说明清的封建专制扼杀了瓦当艺术的创造自由。

瓦当在材质层面也受到封建专制的严格限制,如明清时期有明确规定:黄色琉璃瓦当仅用于宫殿、帝陵和高级别寺庙(如孔庙),绿色琉璃瓦当可用于王公大臣府邸和一般宗教寺院,普通为官者和百姓宅舍仅可用灰陶瓦当。综上所述,瓦当自诞生那一刻起,便承载了挡风避雨的实用功能和彰显政治意识形态的双重任务,瓦当材质、形制和纹饰也非工匠或画师仅从单一美学角度考虑所能决定,而是要服从政治的阶级性和当朝的政治意识形态。

2.经济文化层面

瓦当的发展不仅受制于政治因素,也受制于经济文化的发展,瓦当发展的二次高潮(或说三次),均是处于经济文化的繁荣期和昌盛期。瓦当的第一次发展高潮是春秋战国时期,该时期经济文化空前繁荣,为瓦当的发展奠定了必要的前期基础;瓦当第二次发展是秦汉时期,该时期国力强盛,经济发展水平显著提高,农业、手工业、建筑业等繁荣发展进一步稳定了战乱后的经济基础,也促成了瓦当制造业技术的进步,同时秦汉两代的厚葬文化和帝陵的大量兴建也推动了瓦当产量的激增,而汉代的"求仙问道"和渴望长生的神幻思想也使宗教信仰渗透到瓦当的艺术创作之中,使汉代出现了"千秋万岁""长生无极""与天无极"等经典且璀璨的文字瓦当,促使瓦当艺术迈入发展的巅峰。

经济文化对瓦当发展的影响在宋代也颇为明显。宋代重文轻武,虽然军事积弱,但经济高度繁荣,文化全面创新,宋代建筑受到"存天理、去人欲"的理学思想影响,有"向内转""内敛""内倾"的特性,在物质层面上不求其宏大,而求其内涵,因此宋代建筑虽无唐代建筑雄浑之气势,但绚烂而富于变化,呈现出细致柔丽的风格,瓦当的艺术表达与制作也不再一味追求唐代的磅礴和华丽,而是更注重艺术神韵和形态的表达。

(二)建筑层面

1.整体风貌方面

瓦当作为建筑的重要组成构件,它的演化发展自然受制于或者耦合于建筑的演化发展。瓦当的出现源于建筑"完整性和牢固性"基本需求的"自我演进",正是瓦当的出现,使西周建筑摆脱了"茅茨土阶"阶段,也使之成为"完整的古代建筑";瓦当的形制和尺寸受制于建筑的整体形制和体量,如秦和西汉的高台建筑体量巨大、结构简单、风貌粗犷,瓦当在此时期形制整体厚重,尺寸也大于前朝和后世,在14—22.5厘米之间,以匹配该时期浑厚粗犷的建筑风格。汉代文字瓦当的出现与汉代建筑的形制也有一定关系,汉代建筑形制的主要特征是高台建筑和楼阁建筑的兴盛,这种纵向发展的建筑模式有别于其他朝代以横向发展为主的建筑模式,而高台建筑和楼阁建筑高耸的屋檐也为文字瓦当的出现提供了"与神仙交流"的物质媒介基础。

2.建筑装饰及建筑色彩方面

瓦当与建筑装饰、建筑色彩的关系可以归纳为当建筑装饰和建筑色彩呈现越复杂、越绚丽时,瓦当受到的视觉关注度反而越差。纵观中国历代建筑,其装饰与色彩的演变是从单一到复杂,如奴隶社会早期阶段,建筑的色彩即是建筑材料的本源色彩,几乎无人为建筑涂饰色彩,记载中的"茅茨土阶"便属于这种原始色彩。随着阶级的产生与阶级意识的增强,在生产力尚不发达的年代,色彩与装饰的多少逐渐成了阶级分化的象征,如《左传》中记载鲁庄公的宫室有"丹楹",即涂有红色的柱子;有"刻桷",即有绘饰的方椽,可见春秋时期建筑装饰及色彩开始在统治阶层得到初步应用,但此时期的装饰与色彩仍然十分简单粗陋，这时候瓦当作为集实用与装饰于一体的建筑构件便逐渐充当了重要的阶级分化的角色，也促成了春秋战国时期瓦当的大发展。

封建社会初期的秦汉阶段，建筑装饰与色彩有了进一步发展，秦咸阳宫殿地面涂饰土红色；两汉时期相关文献记载除了"丹墀""玄墀"，即红色或黑色涂饰的台阶外，还有胡粉涂饰壁面，青紫涂饰周边边框的记载。但此时期的设计美学尚不成熟，装饰和色彩较为随意和粗犷，缺乏精致的细节和纹饰设计，这为瓦当艺术的发展预留了空间，侧面支撑了瓦当艺术发展的第二次高潮，使瓦当成为"耀王威"和"辨阶级"的工具。

封建社会的中后期，建筑装饰和色彩已达到成熟应用阶段。封建社会中期的隋唐时期，绘画艺术及美学设计理念已经系统化和成熟化，建筑壁画应用广泛，建筑色彩等级分明，彩画构图已初步使用"晕"，纹饰构图饱满，线条流畅挺秀，出现回纹、联珠纹、流苏纹、火焰纹及飞仙等富丽丰满的装饰图案。唐代盛行的直棂窗纹样已有龟锦纹及球纹等多种纹饰作为装饰；宋代建筑彩绘更是成熟，已有五彩遍装、碾玉装、三晕带红棱间装等9种彩绘方式，小木作体系发展成熟，门窗从唐代版门、直棂窗发展为宋代可开启的、棂条组合的成列隔扇门，藻井和勾栏之类日趋华美、细腻。唐宋建筑装饰和色彩的迅速发展使建筑外观绚丽多彩，但也使得瓦当艺术逐渐退居幕后，宋代以后的瓦当发展逐渐跌入低谷。

封建社会末期的明清阶段，建筑体系高度成熟，建筑装饰繁复细腻，建筑色彩浓重华丽，建筑木雕、石雕、砖雕技术精湛表达丰富。正因如此，瓦当的视觉关注度日趋下降，瓦当艺术创新缺乏内因驱动，再加上明清封建专制的外因"扼杀"，瓦当艺术层面的创新停滞。可以说，建筑装饰和建筑色彩的发展与瓦当的发展呈现反比,即建筑装饰与色彩越复杂、越绚丽,瓦当艺术越衰败。

(三)美学层面

瓦当的美学表达多体现在瓦当纹饰方面。瓦当自西周出现伊始,多半为素面瓦当,至春秋战国随着瓦当产量的猛增和世人对于瓦当美感的追求,瓦当的当面开始掺入美学设计,纹饰内容多为动植物,由于春秋战国半瓦当居多,所以纹饰多有一条看不见的中轴线,将画面构图一分为二,如齐国时期的树木双马纹(图9-5),中间为

图9-5　瓦当纹饰的对称美学(图片来源:西安秦砖汉瓦博物馆)

一树木作为中轴线将当面一分为二,树木左右两侧各有一匹马,整个纹饰体现出均衡的对称美学。

由于半圆瓦当形制的限制,其当面纹饰图案设计有一定的局限性,所以半圆瓦当的纹饰图案多为中轴对称。秦汉瓦当由半圆形转为圆形后,当面面积翻倍,可承载的纹饰内容增多,且有了明确的圆心即视觉中心,所以我们看到秦汉无论是云纹瓦当,还是文字瓦当,或是"四神"瓦当,纹饰中心都有一个乳钉作为明确的视觉中心,当然乳钉的出现与秦汉作为封建社会初期的王朝需强化中央集权有一定关系,瓦当中心的乳钉代表了皇权的唯一性和中央集权的核心(图9-6)。

图9-6　汉代瓦当中心突出的乳钉(图片来源：自藏和西安秦砖汉瓦博物馆)

东汉以后瓦当纹饰中心虽然很少出现乳钉，但纹饰图案多居中设计，纹饰中心即是瓦当当面的中心，如宋代兽面瓦当兽面形态的中心即是瓦当当面的中心；再如唐代莲花瓦当莲花中心的莲心即是瓦当当面的圆心。

瓦当纹饰线的繁缛与简洁，瓦当纹饰形态的浮雕或浅刻，与当朝的大众普适性审美也息息相关，如隋朝的莲花瓦当与唐朝中期以前的莲花瓦当相比较，可以看出隋朝的莲花纹饰较平坦，唐初至唐中期的莲花纹饰多凸起、多饱满、多圆润，这与唐代美学欣赏的丰盈、圆润相契合；同时唐代莲花瓦当纹饰多繁杂瑰丽，这也与唐代社会所追捧的华丽美学相一致，可见瓦当纹饰的形态多耦合于当朝的大众美学。

四、官式瓦当与民间瓦当的差异化

建筑分为官式建筑与民间建筑，瓦当作为建筑构件是否也分为官式瓦当和民间瓦当呢？相关史书并没有明确记载何种瓦当是官式瓦当，何种瓦当为民间瓦当，但可以肯定的是瓦当自西周中后期诞生起，便有了强烈的阶级属性，不同阶级属性的瓦当自然区划了官式瓦当与民间瓦当，官式瓦当与民间瓦当在材质、工艺、纹饰、尺寸方面皆有区别，下面对官式瓦当与民间瓦当的几点差异化进行浅析。

（一）奴隶社会的官式瓦当

瓦当出现于奴隶社会的西周中后期，该时期由于社会生产力低下及瓦作技术的不成熟，瓦当产量十分有限，瓦当仅限于宫殿建筑使用，带有明显的王权专属性质，民间建筑不具备应用瓦当的资格和条件，这时期的瓦当均可以视为官式瓦当。春秋战国时期，随着瓦作技术的成熟和经济的繁荣，瓦当产量猛增，在各诸侯国大兴土木的背景下应用于宫殿建筑及高级别公共建筑，私人建筑是否应用瓦当没有明确的史书记载和遗址实物证明，但确定的是该时期处于社会中下层的人群无法承担昂贵的瓦及瓦当的费用，普通百姓宅舍还是茅草覆顶。综上研判，奴隶社会尚无民间建筑应用瓦当的明确案例，即该时期大概率仅存在官式瓦当，并无民间瓦当。

（二）封建社会的官式瓦当与民间瓦当

封建社会早期，随着经济的繁荣、瓦作技术的提高、文化的昌盛，普通官员和百姓对于自家宅舍及公共建筑的建筑外观、建筑牢固度、建筑遮风避雨的质量要求日益提高，民间建筑瓦当开始大规模推广应用，开始出现了官式瓦当和民间瓦当的区划，其差异化主要体现在纹饰、尺寸、工艺、材质等方面。

1.纹饰和尺寸方面的差异化

纹饰方面的差异化以汉代文字瓦当为例。文字瓦当为汉代最主流且最具标识性的瓦当，此时期官式瓦当与民间瓦当最大的区别表现在文字瓦当的文字内容方面，如"宫"瓦当即为宫殿用瓦，"长陵东当"瓦当即为帝陵用瓦，"上林"瓦当即为皇家狩猎苑囿用瓦，"上林农官"瓦当即为官署用瓦，"严氏富贵"瓦当即为私人建筑用瓦，"酒张"瓦当即为酤酒大户张氏店宅瓦当等，此时期的文字瓦当有清晰的等级和功能属性的划分，并充分体现在文字瓦当的文字内容上。汉代文字瓦当虽无制度认定的官式瓦当和民间瓦当，但瓦当上的文字俨然已经将瓦当划分为官式瓦当和民间瓦当，不可互逾。同时，官式建筑瓦当尺寸大于普通民间建筑瓦当的尺寸，即便是官式瓦当和民间瓦当共同应用的"长乐未央"类的吉语瓦当，其尺寸也有差别，如宫殿或帝陵的"长乐未央"瓦当直径尺寸在22厘米左右，而民间建筑的"长乐未央"瓦当直径尺寸在16厘米左右，两者直径差距6厘米，即我们从瓦当的尺寸也可判断此瓦当是属于官式宫殿（或帝陵）瓦当还是民间瓦当。

2. 工艺和材质方面的差异化

工艺和材质方面的差异化以明清时期的瓦当为例。从材质层面讲，魏晋以前无论是官式瓦当和民间瓦当，均为灰陶材质，直到魏晋南北朝时期出现琉璃瓦当，由于色彩绚丽的琉璃瓦很好地彰显了建筑等级和建筑拥有者的权贵地位，琉璃瓦当逐渐变为皇家专用的官式瓦当。至明清时期，琉璃烧制技术成熟，琉璃瓦当成为区别官式和民间的显著特征之一，所以该时期官式瓦当均为琉璃瓦当，而民间建筑只能铺设灰陶瓦当。从工艺层面讲，官式瓦当的纹饰线条和制作工艺明显优于民间瓦当，以龙纹瓦当为例，龙纹在明清时期既出现于官式瓦当也存在于民间瓦当，除了官式龙纹为五爪龙，民间龙纹是四爪或三爪龙外，官式龙纹瓦当在工艺和材质方面明显优于民间瓦当。

五、琉璃瓦当出现时间之争论

琉璃瓦当作为宫殿、帝陵和高级别寺庙建筑用瓦，学术界对于其出现时间有一定争议。已出版的瓦当书籍及一部分建筑类书籍认为琉璃瓦当出现在唐朝，其依据有两点，一是唐代诗人多有描写建筑琉璃瓦当的诗句，如杜甫《越王楼歌》的"孤城西北起高楼,碧瓦朱甍照城郭"。中的"碧瓦朱甍"描绘的便是青绿色的琉璃瓦和红色屋脊,以形容建筑物绚丽多彩的外观色彩。二是唐代大明宫清思殿和含元殿遗址出土了颜色为绿釉和蓝釉的莲花瓦当。但一部分建筑史学者和瓦当藏家认为琉璃瓦当出现时间早于唐朝,应在南北朝时期,其依据是部分地域出土的琉璃瓦当形制纹饰符合该时期的特征。本书撰写团队成员经大量资料搜集和瓦当实物的收集,也认为琉璃瓦当最早出现于北魏时期,其依据是山东省青州市龙兴寺遗址出土了北魏至北宋时期六百余尊佛教造像,同时出土的有大量灰陶兽面瓦当及少量的绿釉琉璃兽面瓦当,其形制和纹饰符合北朝时期风格,应是目前发现最早的琉璃瓦当,其他地域几无发现唐代以前的琉璃瓦当出土实物。因青州出土的北朝时期的琉璃瓦数量较少,而各地唐代出土的琉璃瓦较多,这就造成一些学者认为琉璃瓦最早出现于唐代。

六、本书的理论创新和学术价值

1. 本书从建筑层面厘清了中国历代瓦当形制、纹饰、材质的演变与建筑体系发展的耦合关系。瓦当是中国古代建筑构件的重要组成部分,对于历代瓦当的系统性梳理及脉络演变规律剖析,横向完善了瓦当研究的整体性和系统性,纵向深层揭示瓦当纹饰传承的背景及源流、传承变迁及变迁过程中建筑体系对瓦当纹饰及直径尺寸的影响,弥补了建筑史领域研究的缝隙之处,是对中国古代建筑构件研究的一次必要补充与完善。

2. 本书从美学层面归纳了历代瓦当纹饰特征,剖析了历代瓦当纹饰特征形成的深层次因素,利用多学科交叉研究,解读了政治意识形态、社会风尚、大众普适性审美对瓦当纹饰的影响,突破了当前在瓦当研究领域中传统个案研究或单一学科研究的局限性，一方面能够帮助人们认识瓦当所具有的独特美学价值和历史文化价值，另一方面能够开拓学界对于瓦当的研究视域和研究路径，并对瓦当的价值做出更加全面的解读与评价。

3.本书突破单一的美学或历史学科研究方法，采用跨学科交叉研究，整合建筑学、设计学、美术学、历史学等，力求深度揭示中国历代瓦当特征、演变规律及形成机制。

七、本书问题的延伸与展望

本书对瓦当的起源、瓦当的价值、瓦当的分类，及历代瓦当的形制与纹饰演变做了较为详细的解读，并从建筑视角、政治经济文化视角分析了历代瓦当特征及其产生背景，整体而言本书对中国历代瓦当进行了较为系统的剖析，但仍然在以下两个方面存在研究欠缺：

1.本书研究对于我国历代非重点地域的瓦当样本数量和数据采集偏少，存在同一朝代不同地域瓦当纹饰与形态研究不足问题，造成这一不足的原因是同朝代不同地域横向瓦当对比研究时缺乏一定的数据来源；希望在下一步的研究中，增加非重点地域瓦当实物收集及书籍资料等数据资料的收集及分析归纳对比工作，尤其是对历代政治辐射边远地区，如明清两代的内蒙古与福建等地瓦当纹饰的数据采集及分析工作，剖析地域性瓦当纹饰与重点地区瓦当纹饰的异同，及重点地域瓦当对边远地域影响的辐射强度。

2.本书研究对历代瓦当的形制、纹饰进行了解读和剖析，但对于瓦当纹饰传承的背景及渊源、传承变迁中历代瓦当的中观和微观数据对比解析不足；下一步研究中，需增加对历代瓦当纹饰演变的逻辑层次分析，进一步归纳其历代演变规律及影响因素。

参考文献

[1]张俊辉.论秦咸阳与汉长陵遗址出土的素面瓦当[J].中国历史地理论丛,2000.

[2]董茜,李金燕.礼制思想在中国传统建筑装饰中的体现[J].山西建筑,2008.

[3]刘冠.中国传统建筑装饰的形式内涵分析[D].北京:清华大学,2004.

[4]申云艳.中国古代瓦当研究[D].北京:中国社会科学院研究生院,2002.

[5]吴磬军.论燕瓦当"母题"纹饰及其文化内涵[J].河北学刊,2015.

[6]邵磊,沈利华.我爱收藏·瓦当收藏知识三十讲[M].北京:荣宝斋出版社,2008.

[7]陈龙.秦云纹瓦当美学思想研究[D].西安:陕西师范大学,2018.

[8]卢花.汉代文字瓦当的审美文化观念[J].文艺研究,2012.

[9]吴仕超.汉代文字瓦当形式与文字研究[D].景德镇:景德镇陶瓷大

学,2022.

[10]陈根远,朱思红.屋檐上的艺术——中国古代瓦当[M].成都:四川教育出版社,1998.

[11]戈父.古代瓦当[M].北京:中国书店出版社,1997.

[12]吴公勤.浅析汉代"四神"瓦当[J].彭城职业大学学报,2002.

[13]李云.六朝瓦当鉴赏[J].收藏界,2011.

[14]冯子怡.瓦当图纹流变研究[D].西安:西安音乐学院,2021.

[15]许彩莲,井明.方寸见佛韵——隋唐佛教瓦当浅析[J].草原文物,2020.

[16]李昊,叶静婕,沈葆菊.墙志——历史进程中的西安明城墙[M].北京:中国城市出版社,2020.北京:中国建筑工业出版社,2020.

[17]李昊,贾杨,吴珊珊.形志——场所精神下的西安明城形态[M].北京:中国城市出版社,2020.北京:中国建筑工业出版社,2020.

[18]郭兵.椽檐遗珍——中国古代瓦当鉴赏[M].太原:山西人民出版社,2010.

[19]叶木桂.中国古代瓦当纹饰审美艺术[M].成都:西南交通大学出版社,2017.

[20]陈根远.瓦当留真[M].沈阳:辽宁画报出版社,2002.

[21]任华.秦汉瓦当——西安秦砖汉瓦博物馆[J].建筑与文化,2015.

[22]王珊.浅论瓦当纹饰的演变与文化内涵[J].汉字文化,2018.

[23]刘凤,杨学红,张菊之,唐智强.瓦当发展历史浅析[J].居舍,2020.

[24]于丽华,张越.齐、秦、燕三国瓦当艺术比较研究[J].管子学刊,2016.

[25]史金波.深入推进宋辽夏金史研究的思考[J].河北学刊,2020.

[26]赵越.论燕国饕餮纹瓦当及其文化源流[J].河北北方学院学报(社会科学版),2018.

[27]孙华.祠墓之上的文字瓦当[J].黑河学刊,2017.

[28]徐洁.北魏洛阳与南朝建康莲花纹瓦当特征初探[J].美术大观,2012.

[29]贺云翱.从六朝莲花纹瓦当探南北朝文化交流传播现象[J].东方收藏,2011.

[30]张冰洁.浅析美学视角下的秦汉瓦当艺术[J].西部皮革,2020.

[31]许媛媛.文化遗产保护视野下的古镇空间形态研究[D].西安建筑科技大学,2020.

[32]左峻岭.隋唐瓦当的设计特色和艺术价值[J].大众文艺,2012.

[33]李玉峰.西夏瓦当纹饰探析[J].南京艺术学院学报(美术与设计),2018.

[34]吕志斌.金代早期瓦当探究[J].艺术研究,2009.

[35]刘园园.中国历代瓦当制作工艺[J].建材与装饰,2019.

[36]钱国祥,郭晓涛.北魏洛阳城的瓦当及其他瓦件研究[J].华夏考古,2014.

[37]陈琳.秦汉瓦当纹饰的审美研究[D].湖南师范大学,2019.

[38]楼庆西.中国传统建筑装饰艺术[M].北京:中国建筑工业出版社,2009.

[39]王蔚.中国建筑文化[M].北京:时事出版社,2009.

[40]吕洪波,于红坤.图说中国建筑艺术[M].南京:江苏科学技术出版

社,2013.

[41]戴良燕.夏商西周宫殿建筑文化研究[D].广西师范大学,2006.

[42]赵凌飞.秦汉瓦当纹样对现代图形设计的影响[D].东北师范大学,
2006.

[43]吕慧媛,李静.略谈明清瓦当类型与图案[J].砖瓦,2020.

[44]钱国祥,郭晓涛.北魏洛阳城的瓦当及其他瓦件研究[J].华夏考古,
2014.

[45]于丽华,张越.齐、秦、燕三国瓦当艺术比较研究[J].管子学刊,2016.

后　记

　　本书是在学校领导建议及支持下筹划和撰写的,在此表示真挚的感谢,同时感谢土木建筑学院谢群院长对我们学科团队的支持,本书即为学科团队建设成果之一。

　　在本书撰写过程中济南大学徐庆国部长、栾志强处长多次提出建设性意见,本书瓦当照片的拍摄工作由济南大学党委宣传部张伟主任完成,本书第九章节的撰写由袁赟和马明春老师参与完成,本书部分章节的修订由王晓、李艳伟老师完成,本书汉代文字瓦当的文字甄别工作由韩盛华老师完成,在此表示感谢。同时,本书的完成,也要特别感谢济南大学建筑规划设计研究所及系部的刘寒芳、于江、付佳、马振华等老师,正是由于他们的积极参与和支持,才使得本书顺利出版。

　　在本书的撰写过程中,我的三位研究生、一位本科生也积极参与了本书前期资料收集及文稿的撰写,并承担了其他一些繁杂事务工作,他们参与的主要任务如下:

　　刘海松,男,济南大学美术学院在读硕士研究生,参与了本书第一章、第二章、第三章的资料收集及文字撰写工作。

张晴晴,女,济南大学美术学院在读硕士研究生,参与了本书第四章、第五章的资料收集及文字撰写工作。

曹沛然,女,济南大学美术学院在读硕士研究生,参与了本书第六章、第七章的资料收集及文字撰写工作。

王杰,女,济南大学土木建筑学院在读本科生,参与了本书第八章的资料收集及文字撰写工作。

本书大部分瓦当图片由山东省中国古代建筑研究基地提供,该基地是济南大学的省级人文社科基地,现有中国古代建筑构件三百余件,包括中国历代瓦当,明清木质建筑构件和石质建筑构件,及可组装的建筑模型三十余件,是集教学、科研、科普宣传于一体的综合性研究机构,并承担了大量的社会服务项目,如联合设计院承担了包括济南市重点工程项目及历下区重点工程项目在内的济南市明府城修缮改造设计、济南鞭指巷清代状元府修缮设计(山东省省级文保单位),济南清真南大寺、北大寺等多座古建筑的测绘工作,多地的历史文化名镇名村保护规划、县域及村域的乡村振兴规划,各地市的新建建筑设计及既有建筑改造设计,及多地的省级田园综合体、省级美丽村居设计等多项有影响力的社会工程项目。

本书撰写过程中参考了大量的图书著作、期刊论文、国内外相关研究、照片图像等,在参考文献和图片来源中尽可能予以标识,但部分图片和文字来源无法精确查明出处,在此一并感谢,若涉及版权请与出版社及作者本人联系,以备修正。